自由に生きるための47の秘訣

人生は、捨て。

川原卓巳

徳間書店

はじめに

いつか時間に余裕ができたら、やりたかったことに本腰を入れて取り組もう――。

いつかお金に余裕ができたら、自分が好きなことだけして生きていこう――。


残念ですが、その「いつか」は永遠に訪れません。その時が来るのを待っているだけでは「余裕」なんて一生うまれない。


人にはみんなそれぞれやりたいことがあります。

「こんなことが実現できたらいいな」

「ああいうライフスタイルが送りたいな」

という理想。しかし残念ながら、大半の人はそれを実現できずに人生を終えていく。

それが現実です。


どうして人は自分の生きたいように生きられないのか。

それが、この本で解決する本質的な問題です。

なぜ人は本当にやりたいことを実現できないまま死んでいくのでしょうか。結論は、大して重要ではない事柄に「時間とエネルギーを奪われるから」です。言い換えれば、余計なものに気を取られているから。

現代はモノや情報があふれています。それらに呑み込まれ、自分を見失っている。つまらない仕事に日々追われている。

その生き方の先に「いつか」は決して訪れません。では、どうしたらいいのでしょう。僕がおすすめするのは、そんな状態からはすみやかに決別することです。あなたらしい生き方はその先にあります。

捨ててください。

あなたにとって本当に大切なもの以外はぜんぶ捨てましょう。その結果、時間やエネルギー、お金をあなた自身のために注げるようになります。やりたいことを叶えられる生き方に変わります。

僕の名前は川原卓巳。仕事はプロデューサーです。誰かの隠れた魅力や知られざる個性を引き出し、その人たちが輝くお手伝いをするのがミッションです。

そんな僕は同時に、捨てることのプロフェッショナルでもあります。なぜなら、ほかならぬ僕自身が人生でさまざまなものを捨て、本心から「自由で幸せ」だと思える人生を実現できたからです。

これまで僕がプロデュースしたなかで最も成功した人物。それは僕の妻でもあり、世界の「KonMari」と呼ばれる片づけコンサルタントの近藤麻理恵です。

麻理恵さんとの出会いによって、僕はあらゆるものを捨ててきました。

彼女と交際するようになった28歳当時、僕は人材教育のコンサルティング会社に勤務する会社員でした。一方、麻理恵さんは片づけコンサルタントとして独立し、活動の幅を拡げている真っ最中でした。

麻理恵さんが経営やチームマネジメントに対する苦手意識を持っていることに気が

ついた僕は、彼女をサポートするため、会社員として働きながら、プロデューサーとしての役割を果たすようになっていきました。

麻理恵さんを本格的にプロデュースしようと決意した日のことは、いまでも忘れられません。

それは僕が初めて麻理恵さんの片づけの現場に見学に行ったときのことです。片づけに取りかかるまえ、彼女がクライアントの部屋に向かって手を合わせてお辞儀をすると、部屋の空気がガラリと一変したのです。僕にとってそれが運命の変わった瞬間でした。

その場面を目の当たりにし、身体中の細胞が沸きたつような、背骨にまで鳥肌が立つ強烈な感覚に包まれたのです。そして意を決しました。

麻理恵さんの片づけ法は、単なる片づけではない。彼女の片づけメソッドをもっと世界に拡めるために尽くす。そう自分に誓ったのです。

そして僕は、順調だった会社員をやめました。そこで培ったキャリアも人脈も収入もすべて捨てました。いつか政治家になるという夢も捨てました。住み慣れた日本も捨てました。麻理恵さんが世界に羽ばたくため、英語もろくにしゃべれないのに活動拠点をアメリカに移しました。およそ自分の名前以外すべてを捨て、麻理恵さんをサポートしてきたといっても過言ではありません。

プロデュースに全身全霊を尽くした結果、僕の人生は劇的に変わりました。

2014年、麻理恵さんの著書『人生がときめく片づけの魔法』がアメリカで翻訳出版されると、全米で大ヒットを記録しました。

そして2015年には、麻理恵さんはタイム誌の「世界で最も影響力のある100人」に選ばれます。

2019年からはNetflixにて世界190か国に「KonMari　〜人生がときめく片づけの魔法〜」(Tidying Up with Marie Kondo)が放映されるというチャンスにも恵まれます。この番組は非常に好評で、テレビ業界最高栄誉(テレビ界のアカデミー賞)と呼ばれるエミー賞2部門にノミネートされるという快挙も成し遂げました。

さらに2021年に公開された同じくNetflixでの「KonMari ～〝もっと〟人生がときめく片づけの魔法～」（Sparking joy with Marie Kondo）ではデイタイム・エミー賞を受賞しました。

そうしていまや麻理恵さんは、世界中のセレブリティたちから会いたいと熱望される存在に。さらに、もともとは彼女のあだ名だった「KonMari」が、「片づける」という意味の英語として使われるようになりました。日常生活にも完全に浸透し、先日にふと観た映画でも会話のなかで使われていました。もはや社会現象を超えた文化です。

現在、わたしたちは都会を離れた田舎に住んでいます。都会を離れたことで、過剰な情報や仕事に追われる毎日から解放されました。そして海にも山にも近い自然豊かな環境、地元でとれる新鮮な野菜、おいしいお水、さらには大自然に囲まれた公園のなかを子どもたちと駆け回る日々を手に入れました。

必要のない人間関係もどんどん減らしていきました。自分の会いたい人にだけ会い、それ以外の時間は家族とゆっくり過ごしています。刻一刻と変わる小さな子どもたちの成長を見ることができる。それが本当に幸せです。

いまでは日常生活でストレスを感じることはほとんどありません。日々の行動はすべて、僕自身が「心からやりたい」と思うものだけ。そんな理想的な人生を実現できています。

この本でお伝えするのは「捨てる技術」。

捨てる対象はモノだけではありません。考え方、行動習慣、人間関係、キャリアなど。数多くある選択肢のなかから「なにを残し、なにを手放すのか」。それらを自分の基準で選ぶにはどうしたらいいのか。僕の経験や具体的なエピソードを交えて記してあります。

手放すことで得られる真の自由。軽やかで喜びにあふれた心のあり方、時間、想像をはるかに超えた人生を叶える方法。あなたの未来がここからどのように変わっていくのか。この本を通じて、ぜひ体感してみてください。

ブックデザイン　阿部早紀子

人生は、捨て。
自由に生きるための47の秘訣

目次

第1章

捨て、捨て、捨て

第2章 「モノ」を捨てる

第3章 「人間関係」を捨てる

第4章 「お金」を捨てる

第5章 「自分」を捨てる

第1章

捨て、捨て、捨て

限られたエネルギー、時間、お金

本書の主題は、「捨てる」ことです。大事なのはなにかを得ようとすることではなく、むしろ捨てること。

モノ、立場、環境、人間関係――。いまあなたが手にしているさまざまなものを捨てることで暮らしはより充実し、より豊かになっていく。僕はそう考えます。

「なんでせっかく手に入れたものを捨てる必要があるの？」

「人はいろんなものを獲得してはじめて満たされるのでは？」

そうおっしゃる方もいるでしょう。もちろん自分にとって本当に欲しいものを得て、それで人生の満足感を高めている人もいると思います。実際、僕も最初のころはそう思っていました。とにかく働いて、稼いで、欲しいものを手に入れる。そうすればずっと満たされ続けていくはずと信じていました。

でも、あらためて考えてみてほしいのです。いまあなたが手にしているものは、本当に心から求めていたものでしょうか？　そのすべてが本当になくてはならない大切なものでしょうか？

自分のやりたいことかわからない仕事。

使わないのにいつまでも取ってある仕事道具や小物や服。

愚痴《ぐち》ばかりで聞いているこっちが疲れてしまう人間関係。

ハッキリ言います。それらはすべて不要です。捨てるべきものです。それらを放置しているかぎり、永遠に充実はありません。

人生に100点満点はない。思い通りにいかないのが人生だ。不満を抱えながらそれでも前を向いて歩いていくのが大人というものだ――。世のなかの常套句です。

多くの人が「人生は不満があるのが当たり前」と受け入れて生きています。

でも本当にそうでしょうか？　**僕はそうは思いません。不満は当たり前ではない。**

不満やモヤモヤの原因は自分にとって意味のないものにとらわれているからです。

だから自分の行動しだいでたいていの問題は解決できます。もっと幸せになることができます。

いまの仕事がつまらないなら別の仕事を探す。転職によって収入が減るのが不安なら、副業もセットで考えてみてはどうでしょうか。独立・起業という手だってある。そうして本当にやりたいことに向かって踏み出す。やるか、やらないか。ただそれだけの話です。

パートナーとの関係がうまくいっていないなら、関係を改善するための具体的な手段を考えてみる。なんなら新しいパートナーを探すのもありかもしれません。

でもそんな指摘をすると、決まってこんな言葉が返ってきます。

「僕もそう思っています。いつかは自分がやりたいことをやろうと思っている。とはいえ、いますぐは無理です」

「わたしも現状維持がいいとは思っていません。とはいえ、いろいろ難しい。相手には相手の考えもありますし。そう簡単に関係は変わりません」

「とはいえ、お金がないんです」

「とはいえ、本当にやれるのか自信がありません」

そんな調子で〝とはいえ〟のオンパレード。そうして結局は、不満を受け入れてしまう。いつしか不満を肯定してしまうわけです。時が経つと、自分が不満を肯定していることすらも忘れてしまう。それはとても不幸なことです。自分の人生を捨てているのと同じです。

人生を捨てるの、やめにしませんか？

自分にとって本当に大切なものを大切にする。**そこに自分のエネルギー、時間、お金をつぎ込む。日々を充実させるためにわたしたちがやるべきことはそれに尽きます。**

いましかできないこと。いま本当にやりたいこと。そこにすべてを投じる。

だから「本当に必要なもの」「実は不必要なもの」を区別して、不必要なものはどんどん捨てる。エネルギー、時間、お金というかけがえのない資源を確保するために捨てるのです。

その過程で多少の痛みはともなうかもしれません。でもその先には本当の意味での豊かな暮らしがあります。それを実際、目の当たりにしたい方は、ぜひこのまま本書を読み進めてほしいと思います。

成功が人を追い詰める

現代は一見、魅力的な情報にあふれています。仕事で成功する秘訣。お金を増やす方法。暮らしに役立ついろんな便利ツール。はたまた人間関係を円滑にするコミュニケーション術など。

SNSには毎日そうした情報が流れています。Instagramをひらけば、華やかな暮らしぶりをアピールしている人がたくさんいます。

ですから「もっと成功したい」「もっと稼ぎたい」「もっと幸せになりたい」「あれも欲しい、これも欲しい」と多くの人が求めるのは仕方のないことかもしれません。自分のステージを上げたい！　スケールアップさせたい！　と望むのは当然といえば当然かもしれない。

でも断言します。過度な成長を求めることは人を幸せにしません。

僕がそう確信するに至った個人的なエピソードをひとつ紹介します。

僕と妻の麻理恵さんは、数年前から拠点をアメリカ、カリフォルニアのなかでも田舎に移しました。山のなかに暮らし、近くに海も湖もある静かな町です。そこで僕らと3人の子どもたち、5人家族で暮らしています。

人混みとは無縁で、美しい自然がひろがり、野菜も魚も水もおいしい。とても豊かな生活を手に入れたと思っています。

とはいえ、仕事の面にかぎれば、中心地の都会にとどまるのがベストでした。そのほうがビジネスの幅は大きく拡がります。東京であっても事情は同じです。刺激的な人たちと日々出会い、あらたな事業をスピーディーに展開できるでしょう。

でも僕らはこの静かな町に住まいを変え、今後のビジネスの拠点にしました。そんな僕らを見て「都会のほうがチャンスは多いのに。機会損失になるんじゃないか。なんでそんなもったいないことをするんだ」とおっしゃる方もいます（もちろん親身になって言ってくださることは理解しています）。

しかし、これは僕らにすればとても自然な選択でした。これまでも僕と麻理恵さんは、仕事が勢いづけば勢いづくほどブレーキを踏んできたのです。そう聞くと意外に思われるかもしれません。

2019年、Netflixで麻理恵さんの片づけ法「こんまりメソッド」を取り上げたドキュメンタリー番組「KonMari ～人生がときめく片づけの魔法～」(Tidying Up with Marie Kondo)が世界190か国に配信されました。するとたちまち大きな反響をいただき、ありがたいことに世界中から講演やインタビューのオファーが殺到。誰もが知っているような高名な方からも片づけの依頼が舞い込みました。

驚くような破格の条件を提示されることも少なくなかった。でも僕らはそれらの大半をお断りしました。

引き受けるのは、無理のない、負担が大きすぎない仕事だけです。あとはぜんぶ「捨てた」。もちろんビジネス的にはもったいない行為でしょう。

でも、それでいいのです。過度な成長圧はストレスを生み、本当に大切なことをなおざりにしてしまいます。

では僕ら夫婦にとって本当に大切なことはなんでしょうか？　それはたとえば家族との時間。「ねぇ、見てー！」と子どもに言われたとき、ちゃんと目を見て、気をむけてあげられること。そうやって子どもの成長をじっくり見守っていくこと。
それは目先の仕事なんかよりはるかに大切なことだと思っています（と言いながら、この原稿を書いているまさにいま、かまってほしがる3歳の息子に「ちょっと待ってて」と言ってしまったのですが……笑）。

自分にとって本当に大切なものにエネルギーと時間をそそぐ。それ以外のことには基本的に取り合わない。捨てる。その引き換えに幸せは訪れるのだと思います。
とはいえ僕が昔からそんな悠長な生き方をしていたわけではありません。すべてはあるひとつの事件がきっかけでした。それで僕のマインドは一変したのです。その事件についていまから少しお話しします。

2014年に麻理恵さんの著書『人生がときめく片づけの魔法』がアメリカで翻訳出版され、幸運もあってニューヨーク・タイムズ紙のベストセラーランキングで1位を獲得しました。

そして神風とでも言うのでしょうか、その後も勢いは止まらず、70週連続で1位をキープする快挙を成し遂げます。約1年半のあいだ、アメリカでいちばん売れた本であり続けたのです。

さらに2015年、麻理恵さんはタイム誌の「世界で最も影響力のある100人」に選ばれます。

もうそのころには週に300件を超える問い合わせがホームページに届くようになりました。それこそ世界中から仕事のオファーが届きます。しかも、そのどれもが魅力的なオファーばかりです。

「麻理恵さんが世界に羽ばたくチャンスだ！」僕は無我夢中で仕事のスケジュールを組んでいきました。


そして目まぐるしい日々が延々と続くことになります。アメリカのマンハッタンで1日に8件を超えるメディア対応、テレビ収録をこなす。高層ビルの一室で取材を受け、それが終わったらタクシーに乗り込み、別の高層ビルに移動してまた取材を受ける。マンハッタンの地面に足をつける暇もないくらいの忙しさでした。

深夜にホテルを出てジョン・F・ケネディ国際空港からヨーロッパに飛び、そこで講演をしてまたアメリカにとんぼ返り。そんなこともしょっちゅうでした。


その甲斐あって「Marie Kondo」の名はまたたく間に世界に拡がっていきます。まさに絵に描いたようなサクセスストーリー。順風満帆でした。でもそれはビジネスにかぎった話です。その成功とは裏腹に、僕と麻理恵さんとの関係は日に日にギスギスしていきます。

「また仕事入れるの?」と麻理恵さんがこぼし、僕はそんな彼女をなだめ、次の仕事の打ち合わせに取りかかる。それがいつしか日常になっていました。

この上昇気流を逃してはいけない。「こんまりメソッド」はいま世界のいたるところで熱狂的な支持を得ている。僕はそれがただただ嬉しかった。そしてエキサイティングでした。なにか間違ったことをしているなんて思ってもいませんでした。


そんなある日のことです。事件が起きました。その日、夜遅くにジョン・F・ケネディ国際空港に到着した僕らは、くたくたになりながらマンハッタンの宿泊先のホテルにたどり着きました。

ルームサービスを頼み、遅い夕食を取ります。翌日には朝早くから大がかりな講演会が控えていました。でも麻理恵さんの表情はさえません。プレッシャーと疲労の色がにじんでいます。そもそも彼女は人前で話すのが好きではありませんでした。英語も得意ではない。しかし彼女は人一倍まじめで責任感も並外れて強かった。ですから講演のたびにビッシリ書かれた英語原稿を一生懸命、丸暗記して臨んでいました。


「もう明日は行きたくない」と麻理恵さん。

「そんなことを言わずにがんばろうよ」と僕。

「もうダメ……。がんばれない」

「そっか……」

それ以上、会話は続きません。

「とりあえず寝よう。寝て起きたら元気になっているかもしれないし」

僕らは食事を終え、手早く寝支度を済ませてベッドに入りました。目を閉じると仕事のことが頭のなかを駆けめぐります。明日の講演会をいかにスムーズにこなすか。山のように届く新規のオファーをどうやったら麻理恵さんに受け入れてもらえるか。考えるべきことはいくらでもあります。しかしなにも整理がつかないうちにすぐ眠りに落ちてしまいました。麻理恵さんほどではないにしろ、僕もそうとう疲れていました。ただあまり深くは眠れていなかったようです。

じきに目が覚めました。まだ真夜中です。なんとなく嫌な予感がして暗い室内を見回すと、窓際に立つ人影が見えました。もちろん麻理恵さんです。

あ、やばい！　飛び降りる！　僕はとっさにベッドを出て彼女の腕をつかみました。彼女は驚いて振り返り、目をしばたたかせて不思議そうに僕を見ます。どうやら飛び降りるつもりなんてまったくなかったようです（しかもその窓は少ししか開かない仕様になっていました）。

でも僕は彼女を追い詰めている自覚が心のどこかにあったのでしょう。だから危険を感じて飛び起きてしまった。

麻理恵さんがいなくなってしまうかもしれない――。そのときの嫌なゾワっとする感覚は一生忘れられません。僕はその晩、もう一睡もできませんでした。ベッドのなかでこの先のことをずっと考えていました。

そして翌朝、麻理恵さんに謝ったのです。

「ごめんなさい。これまで僕は仕事の成功ばかり考えていました。すべては麻理恵さんのためだと思っていたけどそうではなかった。ぜんぶ僕の身勝手な思い込みでした。僕はあなたがつらそうにしているのにちゃんと向き合おうとせず、あなたの幸せを願っていたはずなのに蔑《ないがし》ろにしていた。パートナーとして失格です。もう同じ過ちは繰り返したくない。これからは麻理恵さんがときめいていられることをなによりも大切にしていきます。仕事を減らしていきましょう」

黙って聞いていた彼女の顔がやがてほころびました。そして「うん。」と小さくひと言。心から安堵《あんど》したような声でした。

この一夜の事件を境に、僕の人生の判断基準は一変しました。本当に大切なものを真ん中に据え、身の丈に合った成功、成長の道をゆっくり歩いていく。そう決めたのです。

わたしたちはついわかりやすい成功を求めます。わかりやすい数字。わかりやすい結果。それにしか価値を感じられず、無理をしながらがんばってしまう。

でも、数字も結果もしょせん後づけ。そこにさして意味はない。幸せでなければ無価値です。わたしたちはなんのために生きているのでしょう。幸せになるためです。支え合うためです。

大きな成功。大きな成長。そんなものはどうだっていい。僕はそう思っています。

あなたの人生の持ち時間

人生はまだまだ続く。寝て起きたら、明日も同じような日が来る。多くの人はそう錯覚しがちです。逆に、身近な人が亡くなると誰しも悲しみに暮れます。故人を悼《いた》み、過去を懐かしみ、二度と戻らないその人との思い出を思い返す。無常な時の流れを意識する。

そして「いずれ自分も死ぬんだよな」という当たり前の真理をいまさらあらためて噛みしめる。

しかし一方で、日常は何事もなかったかのようにあなたを押し流していきます。確かにあったいずれ死ぬという実感も徐々に薄れていきます。

「今日が最後の一日だと思って毎日を生きる」そんな格言を耳にしたことがあると思

います。明日のことは誰にもわからない。いま、この瞬間をどう生きるかがすべて。まさにそのとおりだと思います。

でも実際のところ「わたしは明日死ぬかもしれない」と本気で考えて毎日を生きてはいません。もしそんな人がいたとしても、それは少数でしょう。大半の人はこの真理から目をそらして生きている。

しかしあなたはいつか確実に死ぬのです。あるとき突然、幕が下りることもありえます。それが生きるということであり、あなたという存在の尊さでもあります。

だから「いつか時間ができたらやろう」「もうちょっとお金を貯めてからやろう」というのは自分の命を粗末にする、自分に対して不誠実な態度でしょう。

あなたはそれをいつやるのですか。5年後？　10年後？　そもそも本当にやる日は来るのでしょうか？

たとえば、海外留学したいという夢があるとします。でも「まだそのタイミングじゃない」「まだお金がない」「いまは仕事が忙しい」とためらっていては夢は夢のままです。

本当は留学をしたいという自分を後回しにしてくすぶったまま何年も過ごす。そのあいだのあなたは、本来のあなたではありません。

かりに我慢した結果、十分な時間やお金を得られたとします。でもそのときあなたは何歳になっているのでしょうか。留学によって学んだことを活かすための人生の持ち時間はそのぶん減っているのです。

夢とはあなたの可能性を花開かせるもの。夢とはあなたの人生を豊かにするもの。夢（やりたいこと）があること自体があなたの持っている最大の資産であり可能性です。それを後回しにして、有限な時間を減らしてしまっては本末転倒。せっかく夢があるのにもったいなさすぎる。

僕は日々、残りの人生の持ち時間を意識して過ごすようになりました。

現在、僕は40歳。いま日本人男性の平均寿命はおよそ80歳です。もしあと40年生きられるとします。40年を月数に換算すると480か月です。人がひと月で成し遂げられることなんてたかが知れている。それがあと480回しかない。でもあと480回はある。

僕にはあらたに手がけたいプロジェクトやビジネス、楽しみたいことがたくさんあります。しかし人生の持ち時間を考えると、そのすべてをやりきるのは難しいかもしれません。


僕と麻理恵さんは、2014年から海外を舞台にビジネスを展開しました。2016年にはアメリカに移住してさらに本腰を入れました。そうして僕らが思い描いていたビジネスを「やり遂げた」と思えるまでにかかった歳月はどれくらいだったか。およそ10年です。

ひとつのビジネスをまっとうするのに10年。となると今後、僕が手がけられるビジネスは単純計算すると最大で4つです。そして10年なんてあっという間です。

人生は一度きり。僕はそれを後悔のないよう楽しみたいと思っています。そしてあなたにもそうあってほしい。そこにしか幸せはないのですから。

僕やあなたの人生は限られている。まずその真理を直視しませんか。であれば、なにかをやるうえで躊躇《ためら》う理由はどこにもないはず。些細《ささい》な不安や、余計なものにとらわれてはいけない。そんな足かせは捨てましょう。

まっすぐに最短距離を歩いていきませんか。やりたいこと。大切なこと。それで日々を満たしませんか。

大切な人とあと何回会えるのか

僕はこれまで国内外を問わず、ビジネスを通して実に多種多様な魅力的な人たちと出会ってきました。ご高齢でありながら好奇心を持ち続け仕事に打ち込んでいらっしゃる素敵な方もたくさんいました。

その尊敬すべき人生の先輩たちは誰ひとり同じような半生を歩んでいません。それぞれがまさに波乱万丈でドラマチックです。でもみなさん異口同音にこんな助言をくれます。

「あなたの本当にやりたいことをやりなさい」
「自分を信じて好きなように生きなさい」

それが人生を成し遂げつつある諸先輩方の言わば結論。とてもシンプル。それゆえに力強い結論です。

人は漫然と生きてしまえば人生の最期にさしかかったとき、後悔するに違いありません。

「なんであれをやらなかったんだろう」
「自分は自分らしく生きられたんだろうか」
「気づけば世間体ばかり気にしていたな」
「誰かのためにちゃんと役に立てたのかな」
「働いてばかり。それで幸せだったんだろうか」

そんなふうに振り返るの、イヤじゃないですか？　僕はイヤなんです。そうじゃなく、大満足だった。なにも後悔はない。やりきった！　おもしろい人生だったぞー！

そう胸を張って生涯を終えたいと思っています。

そのために僕がいちばん大切にしているのは「人」です。家族、友人、心を通わせられる仲間。僕にとって日々に喜びを与えてくれるのは、彼ら彼女らをおいてほかにありません。

僕には3人の子どもがいます。そのうち2人が小学生で、いちばん下は3歳です。まだみんな可愛い盛り。ことあるごとに妻や僕に甘えてきます（いまも僕のオフィスに来て、イスの後ろのところに寝そべって、おもちゃの車を床でゴロゴロして遊んでいます）。

そうしていろいろ世話を焼くその瞬間、瞬間が心から愛おしい。それはあたかも僕の人生のハイライトのようにすら感じます。僕にとって家族は生きがいそのものです。

でも10年後はどうでしょうか。子どもたちはすっかり成長しています。3人はおのおの自分の世界を持ち、友だちと遊び、趣味ややりたいことに没頭し、しだいに僕らのもとを離れていくでしょう。なにかと手のかかるこのひと時は二度と戻ってはこないのです。だからいまはその時間をなによりも大切にしています。


ぶっちゃけて言うと、「面倒だなー」って思うことも少なくないです。仕事に集中したいのにー！　なんてイラッとすることもあります。だからこそいつも思い返すんです。この時間って、いましかないんだよね、って。

そしたらなんだか自分のなかに張り詰めていたものがプシューって抜けて、ちゃんといま目のまえにある大切にしたいものを大切にできるようになる。戻るって感じかもしれません。

友人、知人と過ごす時間もそうです。僕にとって何ものにも代えがたいものです。ある意味では家族との時間よりも重きを置いているかもしれない。身近な存在でありながら、そうそう簡単には会えないからです。

みんなそれぞれの暮らしがあり、それぞれの仕事に励んでいる。遠く離れた場所に住んでいる仲間も少なくありません。いまや日本だけじゃなく、世界中、地球の裏側にまで大切だと思える仲間がいてくれます。

あなたはどうでしょうか。学生時代の友人。かつて一緒に奮闘した仕事仲間、先輩、後輩。そのひとりひとりの顔を思い浮かべてみてください。最近会ったのはいつですか？

この半年会っていない。この1年会っていない。もっと長いこと会っていないなー。そんな相手もたくさんいるのではないでしょうか。

あなたはその人と、この人生であと何回、会えるのでしょうか。あとどれくらい楽しい時間をともに過ごせるのでしょうか。ほんのわずかかもしれません。

僕はハッキリ言ってもう無暗《むやみ》に友だちを増やそうとは思っていません。繰り返しますが、人生は有限です。だから大切だと思える人にだけ時間をそそぎ、それ以外は手放す。

そうした思い切りが、そうした勇気であり覚悟が、人生を充実させ、真の自由を手に入れる鍵だと思っています。

捨てる。勇気をもって捨てる

現代人はとにかく忙しい。テクノロジーの進化で効率化と時短を手にしたはずなのに、その空いたスキマには、あらたな仕事ややるべきことが次々と入っていく。その結果、ずっと頭と心が落ち着かない。まるで満員電車のようにぎゅうぎゅうの状態になっています。

生きている実感もなにもあったものではありません。いまこそ、きっぱりと捨てる勇気が必要なのです。

本当に大切だと思うもの以外は、ぜんぶ捨ててしまいましょう。

「でも手放すのは怖い。同じものは二度と手に入らないから」そう思う方もいるでしょう。その気持ち、よくわかります。モノであれば基本的にはいつでも買いなおせますが、仕事やチャンス、人間関係はそういきません。一度失えば取り返しがつかなくなるかもしれませんよね。

それでもあえて言い切ります。大切だと思えない仕事や人間関係は、勇気を持って捨てましょう。

あとで「あの人との関係は、やっぱり大切だったな……」と後悔することも、もしかしたらあるかもしれません。でもそれはそれでいいのではないでしょうか。

つねに完璧な選択ができる人なんていない。試行錯誤を繰り返して、自分にとっての「正解」を探していくしかないのです。やってみなければ、正しかったかどうかすらも不明のままです。

失うことを恐れて機会を逃すのではなく、失敗を恐れず捨て去っていく。それこそが、自分が自分らしくあるために必要な生き方の姿勢だろうと思います。

その捨て去ったからこそ生まれる余白。その余白があるからこそ新たなチャンスをつかむこともできます。たとえば、本来はあなたにぴったりの機会があったとしても、あなたが忙しそうにしていれば誘われません。知らず知らずのうちに、本来は巡ってくるべきチャンスがあなたの目の前を素通りしているのです。

最悪なのは失うことを怖れるあまり、「無駄なもの」どころか、「害あるもの」まで手元に残してしまうケースです。たとえば、

パワハラ上司のもとで働き続ける。

ちょっと苦手な友人とのつき合いをダラダラ続ける。

やりたいことがあるのに、いまの生活水準にこだわって嫌な仕事を続ける。

ほぼ使わないサブスクサービスにお金を払い続ける。

気兼ねや遠慮、見栄に引きずられて、余計なことに多大な労力を費やす。それはいちばん大切なはずの自分の人生を丸ごと捨てているようなものです。

もちろん生きていれば、誰しもさまざまな事情を抱えます。子どもを養うため。親の介護のため。そうしたやむを得ない事情で、不本意な仕事や人間関係を続けざるを得ないこともあるでしょう。それはそれです。子どもを大切にする。親を大切にする。

そこには不本意な現状を耐え忍ぶだけの意味、価値があると思います。すべてが無意味だと言いたいわけではありません。

でもただの惰性で嫌なことを続けてはいけない。それは人生の浪費でしかない。全力でその状況から脱するべきです。

かりに「やはりあれは自分にとって大切なものだった」とあとで気づいたならば、その経験も重要な学びのひとつ。心配しなくても大丈夫。

人生は何度でもやり直しがききます。やり直しがきかない人生なんて僕は知らない。ふたたび大切なものを手に入れることだってきっとできるはずです。

考えない。感じよう

エネルギー、時間、お金はあなたにとってかけがえのない資源です。その資源を余計なものに使うのは、いわば自殺行為。自分で自分を苦しめてはいけません。

あなたの資源は、あなたの大切なものにこそそそぐ。そそぎ切る。それが充実した日々を送るための唯一の手段です。

でもここでひとつ問題があります。どうでしょうか。**あなたは自分にとって大切なものがなにか把握できていますか？　それを即答できますか？**　あんがい多くの人が自分のことを理解していないものです。かく言う僕も昔はそうでした。

情報やモノにあふれる現代では、すべてが供給過多になっています。その一方で、「減らす」ことは重視されません。資本主義社会は次から次にあらゆるものを大量生産します。だからなんとなく生きていると情報・モノ・人間関係は積み重なって増えていくばかり。

いったいどれが自分にとって本当に大切なものなのか。それを見極めるのは、実のところなかなか難しい作業といえます。わたしたちは無意識的に、考えることのほうが、感じていることよりも正しいと思いがちです。でも、本当にそうなのでしょうか？　頭で考えることを頼りにしすぎて、感じていることを無視して生きている気がします。

ビジネス的な観点から言っても同様です。頭で考える論理的な答えは基本的に似通っていきます。そうなると頭で考える人が増え、そこで出す結論が似てくるため差別化されなくなる。差別化されないので、似たもの同士の競争が激しい場所で戦わなければならない。そんな不毛な状態すらもあちこちで生じています。

そこで僕が提案したいのが「ときめき」です。

妻の麻理恵さんが提唱する「ときめきの魔法」をご存じの方も多いと思います。この「ときめき」こそが人生における最重要の指標となる。僕はそう確信しています。

「ときめき」と言われると、やや抽象的であいまいな感じがすると思います。でもこれはとてもシンプルな指標です。出合った瞬間に頭より先に心が（体が）反応する――。それがときめきです。

好きな人に出会ったとき。
おいしい食べものを口にしたとき。
かわいい猫に触れたとき。
美しいアートに触れたとき。
すばらしい音楽を聴いたとき。

誰しも「欲しい！」「大好き！」「感動した！」と胸が高鳴るでしょう。それこそが、ときめきの感覚なのです。

ときめきとは、頭で解釈するものではありません。心や体が自然に反応する。僕の場合は全身の毛穴がぐわっと開いて、細胞が沸きたつ感覚に包まれます。それは単なる喜びや満足感を超えた、深い共鳴のようなものです。

僕がこれまでの人生でいちばん強いときめきを覚えたのは29歳のとき。交際中だった麻理恵さんの片づけの仕事現場に初めて立ち会ったときでした。

僕は当時、人材育成のコンサルティング会社に勤務していましたが、仕事終わりや休日を使い、麻理恵さんの仕事の事務作業やメールのやりとりをサポートしていました。そんなある日、実際に彼女の片づけの現場に初めてお邪魔することになったのです。

麻理恵さんが依頼者の家に入り、片づけのレッスンをはじめます。するとその場の空気がみるみると変わっていく。どこかもやーっと浮かない感じだったクライアントの表情が、どんどん明るくなっていく。そして片づけが終わるころには、そこはまるで異世界のような空間に変貌していたのです。そこかしこが輝きを帯び、清々しい生命力が部屋中に満ちるような感覚でした。

「これはすごい！」背骨にまで鳥肌が立ちました。

彼女の伝えている片づけは人生を変える。大げさでなくそう思ったのです。彼女のその活動を全力で応援したい。まさに雷に打たれたような「ときめき」でした。

僕はそれからほどなくして会社をやめ、麻理恵さんの仕事のプロデュースに専念するようになります。それまで会社員として培ったキャリアも人脈も収入もすべて手放しました。

麻理恵さんを支えることに人生をフルベットしたわけです。僕にとって決定的だった、あの瞬間のときめきの感覚はいまだにカラダと細胞に残っています。

あなたにとって本当に大切なものはなにか？　答えは簡単です。ときめくものです。「これがときめきだ」と気づけること。僕らはそれを「ときめきセンサー」と呼んでいます。

ときめきは、あらゆるものを介して生まれます。ときめきを上手にキャッチできれば、大切なもの、そうでないものの見極めは一目瞭然です。

最近あなたがときめいた瞬間はいつでしたか？　一度じっくりと、思い出してみてください。

縛りのない自由は、自由ではない

「ときめきセンサー」が反応するようになれば、あなたは自分の本当に大切なものを見極められるようになります。

それだけではありません。自分のなかに「自由」を見出すこともできるのです。

しかしそもそも自由とは、どんな状態を指すのでしょうか。一般的にはなんの束縛もなく、好きなことを好きなときに、好きなようにできることだとイメージされると思います。しかし本当でしょうか？　僕の考えは少し違います。

自由とは、自分で選んだほどよいサイズの「制約」がある状態だと思っています。

もしあなたの人生に、なんの制約もなかったらどうなるでしょうか。

毎日好きなところで、好きなことをする。食べたいものを食べて、寝たいときに寝る。最初は快適かもしれません。でもきっとすぐに飽きてしまうのです。

適度な「やるべきこと」や「縛り」があってこそ日々は充実するのです。

昨今、「FIRE（Financial Independence, Retire Early）」がなにかと注目されています。FIREとは早々に資産を築き上げて早期退職する生き方のことです。

実際にFIREを達成した人ははじめのうちは解放感に浸ります。やっと手に入れた悠々自適の生活を満喫する。でも僕の知るかぎり、その状態は長続きしない。やはりじきに飽きてしまうのです。

なかには「朝、起きる理由がなくなってしまった」なんて言う人もいます。生きがいを見失ってしまうわけです。それで結局、かつてと同じように仕事を再開するケースも少なくありません。

本当の自由。いきいきとした自由。真の自由。それはつまり、そこにときめきがあるかどうか。

情報過多、過剰摂取の現代に生きるわたしたちは、外部の情報や他者の評価によって、物事の善し悪しを決めがちです。個人の内側から発せられる「ときめき」は軽視されていいます。つまり言ってしまえば、自分のなかにある幸せをみずから遠ざけているのです。すごく滑稽《こっけい》ですらあります。そんなことはあってはならない。

他人の意見にならうばかりではなく、自分のときめきセンサーを磨き、発動させることを意識しましょう。

なにを選び、なにを手放すか。その取捨選択を自分の意思で行い、自分だけの「自由のあり方」をつくり上げる。そこにあなたらしい生き方があります。

ときめきセンサーの感度が高まると、日常のなかで「これは自分にとって特別だ」と確信できる瞬間に立ち会えるようになります。すると人生の質はおのずと向上していくのです。

自由と不自由のより良いグラデーション

もちろん「ときめきセンサー」によって、すべてが思いどおりになるわけではありません。

たとえば会社員の人は、一緒に働く上司や同僚を選ぶことはできません。性格が合わない人ともとうぜん足並みを揃えなくてはならない。組織に属する以上、そのたぐいの「不自由」からは逃れられません。でもその不自由は毛嫌いすべきものでもない。

完全無欠の自由なんて存在しません。**だから自由であるということは、不自由をどう受け入れるかということと同義です。つまり肝心なのは、自由と不自由のバランスなのです。**あなたにとって納得できる不自由とはなんでしょうか？

ひと口に自由とは言っても、そこには無限のグラデーションがあります。自分の理想に合った「自由のあり方」を見つけることがポイントです。

仕事そのものにやりがいを求めて打ち込みたい人。一方で、ある程度稼げて、自分の可処分時間がある程度確保できるなら、仕事内容は問わない人。仕事に対する価値観はさまざまです。

たとえば、あなたが会社員で、キャンプが大好きだったとします。自然に囲まれた時間を少しでもたくさん過ごしたい。あなたは日々そう思っている。

平日は朝9時から夕方5時までが勤務時間という生活を送っている場合、キャンプは週末にしかできません。ですがその反面、会社の福利厚生は整っており、生活に困らないくらいの安定した給与も受け取っている。そしてそれは翌月も基本的には確保されているという安心感もあります。

このとき、あなたの許容する必要のある「不自由」は平日の勤務時間です。でもその不自由と引き換えに、安心感や収入を得ています。ならば実はなんの問題もないのです。言い方を変えれば、その不自由のおかげで週末はキャンプを心ゆくまで楽しめる。あなたの暮らしは「自由」だと言えます。

かたや、キャンプに対する思い入れがさらに増したらどうでしょうか。日本中のキャンプ場に行きたい。いつ何時でも思い立ったときにキャンプをしたい。とにかくできるかぎりキャンプ場で過ごす時間を増やしたいんだ！

となると、平日の勤務時間という「不自由」は受け入れがたいものになってくる。いかにいい職場であったとしても、その不自由はその時点でのあなたにはかなりのストレスです。

であれば「職種は問わない。オンラインでできる仕事をしよう」「都会の便利な暮らしはいらない。自然の多い田舎暮らしにしよう」という選択もありです。

会社をやめたらやめたで、安定を手放すという今度はべつの「不自由」や「不安定」が生まれます。でもその代わりにぞんぶんに自然のなかで過ごせる。ならば、その不自由は受け入れられるものに変わるかもしれない。総じてあなたの暮らしは違ったカタチの「自由」ということになります。

どんな生き方にも自由と不自由が同居し、そのグラデーションは個人の価値観によ

って異なります。大切なのは、自分の納得いく自由と不自由を、みずから選び取ることです。

その際に頼りになるのが、繰り返しになりますがときめきセンサーです。これはときめくのか、ときめかないのか。その内なる声こそがあなたにとって正しい道を指し示す。それに従い、人生のあらゆる選択をしていく。その選択こそが最良であり最善です。むしろそれ以外の方法はありません。

身体感覚を取り戻そう

「ときめきセンサー」は使わないと錆びついてしまいます。しかも一度使わなくなると、そもそもそんなセンサーがあること自体も忘れてしまう。ときめきが大切だと気がついたならば、どんどん意識的に発動させていきましょう。

特に都市生活者はときめきセンサーを使う機会が少ないです。いや、ほぼないと言ってしまってもいいかもしれません。損か得か。これは効果的なのか。それは効率的なのか。気づくとそんな基準で判断するように促されていきます。だからこそ、なおさら強く強く意識的になる必要があります。

近年、都会の人たちを中心にアウトドアやジョギング、サウナがブームです。**自然に触れる。あえて身体を酷使する。そうして自分が本来持っている生きるためのセンサーや五感を取り戻したい。そんな本能のあらわれだと思います。**

アメリカのウォール街で働くビジネスパーソンたちはジム通いに熱心です。その理由が僕にはよくわかります。

お金というのは、人類が生み出した究極の人工的産物です。そんな人工的産物を右から左へ大量に動かすのは、人間にとって生き物としてきわめて不自然な行為とも言えます。

ウォール街の人々は、大金を動かすというとてつもないプレッシャーとストレスに日々さらされている。だからジムに通い、身体性を刺激してなんとか心とカラダのバランスを保っているのです。

仕事でウォール街近くのホテルに宿泊した際、近くのジムに行ったことがあります。僕は時差ボケもあったので朝早くに開いているジムを見つけて行ったのですが、そこには朝5時の時点であふれ返るほどの人がいました。みんな一心不乱にトレーニングに打ち込み汗を流す。そうして1日をスタートすることが日常的に行われているようでした。

一見すると健康的な生活のように見えるかもしれません。しかし、実際にその場に居合わせた僕の感覚からすると、それはヘルシーではなく無理やり組み込んだ生きるための生命維持活動のように見えました。なにかを振り払うかのように自分を追い込み、自分を取り戻すために必死なのだと感じました。

僕は広島の田舎の豊かな自然に囲まれて育ちました。学校が終わるといつも友だちと野山を走り回って遊んでいた。海で牡蠣《かき》を踏んで足を切ったときには、じいちゃんが傷口にヨモギを擦り込んでくれながら「たくみ、男なら泣くな」と背中をたたいてくれました。

そうした体験のひとつひとつがいまもなお身体感覚の源になっていると感じます。それが僕のときめきセンサーの素地なのでしょう。

現代の、それも特に都会で育った人たちはなかなか五感を刺激される機会がないはずです。本来は唯一残された自然であるはずの公園ですら、砂場は封鎖され、土に触れる機会すらも遮断されている。とにかく地球と距離が離れた暮らしになってしまっているのです。

ですからなおさら日々意識して、自分のなかのときめきを見つめ、ときめきと向き合ってほしいのです。

でも、実はおもしろい現象も起こっています。僕は最近日本にいるときは主に地方を巡っています。そこで気がついたのは、本来田舎で自然豊かに暮らしているはずの人たちのほうが歩かなくなっている現状です。

車社会になり、便利さを追求した結果、郊外の複合施設へ車で行き、そこですべてのものが手に入るようになった。そこから帰っても普段は家のなかでスマホを見て、あらゆる娯楽へアクセスし放題。そのあいだは、本来は周りにあるはずの自然などの豊かさを感じることをいっさいしていません。豊かな自然に囲まれながら、無機質で意味の少ない活動に時間を費やしている。

逆に都会にいると、発達した交通網もあることから電車を使い、よく歩きます。1日で1万歩以上歩くなんてこともザラにあります。しかし、仕事をがんばってある程度のお金が手に入るようになると効率を重視してタクシーやハイヤーを使うようになり、また歩かなくなる。そして、そこで得た時間でまた仕事をする。そして、さらなる成長や発展を追い求めるようになる。

これ、いつまでやるのでしょうか？　もはやヘンテコな世のなかです。

あの有名な「メキシコの漁師とアメリカ人投資家の話」のようです。

あるアメリカ人投資家がメキシコの小さな漁村を訪れたとき、地元の漁師が小さなボートに乗り、色鮮やかな魚を釣り上げて帰ってくるのを見ました。

投資家は興味を持ち、漁師に訊ねました。

「なぜこれほどすばらしい魚をもっと多く釣らないいんだい？」

漁師は答えます。

「家族に必要なだけの魚を釣れば十分だからです」

投資家はさらに訊ねます。

「それなら、もっと釣って売れば、お金を貯めて大きな船を買えるだろう。大きな船があればもっと多くの魚を釣れて、さらに儲かる。そうしたら従業員を雇い、事業を拡大し、最終的には会社を設立して株式公開までできるかもしれない。何十年かあとには大金持ちだ！」

漁師は少し考えてから投資家に訊ねます。

「それで、その後はどうするんですか？」

投資家は自信満々に答えました。

「その後は引退して、小さな村で悠々自適に暮らし、家族と時間を過ごしながら釣りを楽しめばいいさ！」

漁師は微笑んでこう言いました。

「でも、それはいまのわたしの生活ですよ」

わたしたちはなにを求めて生きているのでしょうか。ぜひ一緒に考えていきたいです。

「片づけ」で「ときめきセンサー」を磨く

いくつになっても「ときめきセンサー」は磨けるのか？　もちろんＹＥＳです。たまたま手に取ったひとつのグラス。たとえばそれに意識を集中させてみてください。手触り、温度、飲み口の感触。その瞬間、モノに対する解像度はぐんと高まります。自分の五感を使い、日々の出来事やモノとかかわっていく。その先にときめきセンサーの発動があります。

実は、ときめきセンサーを磨くうえでもっとも効果的な方法があるのです。それこそが、片づけです。そう、妻の麻理恵さんがライフワークにしている片づけ。あなたの身の回りにあるモノは、もともとそこにあったわけではありません。そのすべてのモノは過去のあなたが「手に入れよう」と決断したものです。

自分で買ったものにしろ、人からもらったものにしろ、いまそこにあるかぎり、あなたはそれを過去のどこかのタイミングで「手元に残す」という選択をしています。

一般的に、ひとりの人が所有しているモノの数は平均で1万点、多い人だと2万点以上になると言われています。でもそんなに多くのモノがどれもあなたにとって大切なものなのでしょうか？　本当に必要なものなのでしょうか？　そんなはずはありません。

それらを手元に残してきたあなたの選択をひとつひとつ見直してみましょう。どれが本当に必要で、どれが本当は不要なのか。片づけという作業は、それをなかば強制的にあなたに問いかけてきます。

いまあらためて手に取ってみたそれはときめくのか、それともときめかないのか。ときめかないなら手放しましょう。あなたにとって実はもうお役目の終わっているモノである可能性が高いです。

モノを捨てるには覚悟がいります。そこには一種の緊張感がともなう。だからこそ、

ときめきセンサーは磨かれていくのです。

大きく言うなら決断なのです。残すと決めること。そして、いまの自分とは切り分けるという断絶。これを継続的にしていく行為が片づけの本質です。

埃をかぶった書類は処分しましょう。もう何年も着ていない服も手放しましょう。そうやって不要なものを抱え込んだ自分を身軽にしていく。清算していく。捨てるのに抵抗があるなら、ちょっとずつでもかまいません。その「小さな勝利の積み重ね」が人生を変える弾みになります。

次章では、この片づけについてフォーカスしたいと思います。その作法と具体的な手順について、僕なりの解釈も加えながら説明します。妻の麻理恵さんは人生を懸けてそれを徹底的に突き詰めてきました。単に片づけと侮ってはいけません。それは究極のライフハックなのです。

片づけによって空いたスペース（頭にも心にも）は、本当に必要なものを見つけるための余白を生みます。いつしか余計なものはあらかた消え去り、真に大切なものだけが残っていくでしょう。その余白こそがあなたに自由をもたらすのです。

第 2 章

「モノ」を捨てる

なぜ捨てられないのか？

突然ですが、ここでちょっと本を読む手を止めてあなたの部屋のなかを見回してみてください。そこにはなにがありますか？　机、クローゼット、本棚、キャビネット、サイドボード。おそらくたくさんのモノが収められているはずです。

たとえば机の上にはなにがあるでしょうか。積み重なってなにがあるかわからない書類の山、いつか読もうと思ってまだ読めていない本が積んであるかもしれません。

次は引き出しも覗いてみましょう。奥のほうにひっそりたたずむペンは、なにかのときにもらって入れていたことも忘れていた。コードの束はなにがどれのためのものなのか、もはや予測不能。ごっそり入っている領収書は、いらない書類とひしめき合って大混乱。なんでこんな風になっちゃうんでしょうか。

クローゼットのほうはどうでしょうか。何年も前に買ったもののほとんど袖を通していないジャケットや、いまや自分には似合わせなくなってしまったトレーナー。サイズが合わなくなってしまったジーンズたち。さらにはとうぶん洗わなくても足りるほど大量の靴下が眠っているかもしれません。

あるデータによるとどんな家にも、ひとり当たり1万~2万点のモノがあると言われています。それらは徐々に増え続け、それぞれが生活の一部分と化しているので、なかなか捨てるタイミングはありません。だから気がつけばモノはどんどんたまっていく一方です。

そのひとつひとつは、必ずあなたが過去のどこかのタイミングで「買う」か「もらう」かして受け入れたモノ。買ったときには「これが欲しい!」とテンションが上がり、もらったときは嬉しい気持ちがあったはずです。ある日突然「どうも、今日からお世話になります。Tシャツです」って現れたモノはいないはず(あったら怖いですよね笑)。

つまり、過去のどこかの時点ではみずから望んで受け入れてきたモノたち。しかし、それがいつしか、どこかのタイミングから幸せや喜びを与えてくれるどころか、ストレスを与えてくる存在になってしまいます。

そもそも、なぜ人はモノを捨てられないのでしょうか。その答えはシンプルです。ただ単に、捨て方を学んでいないから。もっと言うと、そもそも片づけの方法自体を学ぶ経験もほぼありません。

学校の授業で家庭科のなかでは、申し訳程度に片づけの項目はありますが、基本的には「各自読んでおくように」ですっ飛ばす。というか記憶にもないですよね。そんな具合ですから、そもそもモノを捨てる方法なんて学ぶ機会があるはずもありません。

それにもかかわらず家では部屋を片づけるように親に言われるけど、具体的な方法を教えられることはなく、机の上は綺麗なほうがいいと言われる。無理ゲー中の無理ゲー。それこそが片づけです。

捨て方を学ばない理由は単純明快で、必要なかったから。戦後からの教育は足りないモノをいかに増やすか、手に入れるかを最優先する仕組みになっていました。

なぜなら、まずは豊かになること、モノを多く手に入れることこそが幸せであるという時代だったからです。そのおかげで実際にわたしたちの暮らしは豊かになりました。ほとんどのモノは手に入れたいと思えば手に入れることができます。生きていくために必要なモノは数としても質としても十分になった。100円均一ショップに行けばなんでも揃います。もはや家を出なくともワンクリックでなんでも届く。すごい時代になったものです。

しかし、その結果うまれたのが「散らかる」という現象。限られた生活スペースのなかでモノは増える一方。特に都市化によってひとり当たりの居住面積は狭くなっているのに反比例してモノの数は増え続けていった。そしてモノの減らし方、捨て方を学ばないままにわたしたちの生活はモノにあふれ、ストレスに晒《さら》されることになりました。それが現代です。

もしかすると人類史上初めての、モノが多すぎて不幸せになることに直面した世代と言っていいかもしれません。人類が初めて減らすことを学ぶ必要のあるタイミングにきています。

かつて自分が迎え入れたはずのモノ。それにもかかわらず、いつしか人生の満足度を下げてしまう存在になるのは不思議なことです。散らかり、自分を嫌な気持ちにさせる。意識的ではなくとも、なんとなくモヤっとし続ける。それも徐々になので、なかなか気づかないんです。本来は片づけたいと思っていても、人はなかなか捨てられない。

では、どうして捨てられないのでしょうか。その原因は「思考」にあります。

人はなにかを判断するとき、「思考」か「直感」のどちらかを使います。

「思考」の場合、あれこれ思いを巡らせたすえに結局、「いつか使えるかもしれない」「もったいない」という結論にたどりつきがちです。いったん考えはじめると、モノは捨てづらくなる。それもそのはず。損か得かで考えれば、片づけは金銭的には絶対に「損」な行為です。損得勘定からすると受け入れ難いわけです。

それに対して「直感」は一瞬のジャッジ。自分を幸せにする選択をうながす「ときめきセンサー」は、直感で判断することです。捨てる、捨てない。その判断は、ときめく、ときめかないという自分の感覚にゆだねるのが最良です。これこそが長年片づけをし、それを極め続けてきた麻理恵さんの出した結論でもありました。

ただ、誰もが大人になればなるほど、経験値が高まり知識も増え、思考に頼って判断することが多くなります。自分の直感を信じて行動することはほぼ皆無。どんどん難しくなっていきます。

思考に頼るのが一概に悪いことだとは言いません。**ときめかないのに「捨てたくない」という思考が働くのならば、そのモノに対する思い入れが強い証拠。そんなときは、とことんモノに向き合って考えてみるのもよいかもしれません。**

「どうして僕はこれを持っているんだろう？」
「これをわたしの手元に残しておきたいのは、どんな意味があるのだろう？」
「このモノが持っていた〝本当の役割〟はなんだろう？」

そうやって「ときめかないはずなのに、捨てられないモノ」について、よくよく考えてみます。それがもつ役目を再度考えられる時間そのものも価値がある経験だと言えます。

捨てなければいけないと言いたいのではなく、ひとつひとつのモノと向き合い、その経験から自分に向き合っていく。それこそが真に価値あることです。

麻理恵さんは、これまで数多くのお客様の片づけを手伝ってきた経験から、捨てられない理由は大きく2つしかないと言います。

「過去への執着」そして、**「未来への不安」**です。

この2つがわたしたちがモノを手放せない最大の理由であると。これを初めて聞いたときはズドンと深い納得がありました。確かにそうだ、と。

そのうえでもうひとつ気がついたのは、片づけを進めていった先にあるのは「過去への執着」を手放し、「未来への不安」がない「いまに集中できた自分」が残るということ。それこそが片づけで得られる核心です。

最後に、なぜ「ときめき」がこれほどまでにパワフルで、世界的に支持されているのかをプロデューサーの観点で補足したいと思います。

それは、「思考」と「直感」のちょうど境界に位置するものが「ときめき」だということ。たしかに言語化できるが、その内容自体は非常に感覚的で非言語な領域。それこそが「ときめき」です。

ちょっとした裏話なのですが、麻理恵さんの著書『人生がときめく片づけの魔法』を英語圏で翻訳出版をする際に、ひとつの壁に当たりました。それが「ときめき」を直接的に表現する英語が存在しなかったことです。感動するや、幸せに感じるなど近い言葉はありましたが、どれも日本語で意味するところの「ときめき」ではなかった。

そこで、この本の翻訳を担当してくださった翻訳者さんがつくりだしてくれたのが「Spark Joy」。つまり造語なんです。世界的なベストセラーになった背景には、この「ときめき」を英語でも言語化できたことが決定的なポイントのひとつだったと思っています。まさに、言語の壁を超えて、現地の人の直感的な感覚とつながることができた。それも「ときめき」が思考と直感のちょうどあいだに位置する感覚だからです。

幼いころから片づけを極め続け、残すか手放すかに向き合い続けてきた麻理恵さんが導き出した結論が、「ときめき」で選ぶことだというのはもはや神秘的ですらあると感じます。

捨てるか。残すか。触って決める

明らかに必要のないモノはすぐに捨てられます。壊れてしまったスマホケース。期限の切れたチケットやクーポン。賞味期限の過ぎた缶詰たち。

それらはもうお役目を終えた状態です。そこにあるのは、あまり考えずに置いてあるだけ。見つけたら感謝して手放しましょう。

難しいのは、本来は捨てる理由が特にないモノたちです。片づけをしようと思ったときに困るのは、家のなかにそんなモノがあふれているからです。

うーん……これは捨てよう。よし、これも捨てよう。これは……どうしよう。そんな調子でえんえんと繰り返すのはけっこうしんどい。なによりも片づけの真の目的から遠ざかっています。

ここであらためて考えてみてほしいのですが、そもそもなんのために片づけをしようと思っているのか。モノを手放した先で得たいのはなんなのでしょうか？　そこにあるのは余白です。あなたのなかに余白をつくり、その余白をあなたの大切なもので満たしていく。それが片づけから得られる真の自由です。

だから捨てること自体にとらわれ、躍起になってしまえば本末転倒。あなたの心はかき乱されてしまう。余白もなにもあったものではないでしょう。

でも多くの人は「片づけよう！」と思ったとき、ついつい当初の目的ではなく、片づけられない理由に目がいきます。捨てない理由をあれこれ考える。そこで立ち止まってしまう。こうして片づけが止まります。

目を凝《こ》らすべきは「捨てること」そのものではありません。なんのために捨てるのかです。それは本来の自分を取り戻すためです。

さらにこんまりメソッドの最大の特徴のひとつでもある考え方があります。それは、片づけで選ぶのは「捨てるモノ」ではなく、「残すモノ」のほう。つい人は、片づけをするときに「なにを捨てるのか」を考えます。無意識的に「片づけ＝捨てる」となっています。そして「捨てたくない理由」を考える。手が止まる。これが片づけられない思考ループです。

そうではなく、本来の片づけとは「自分が好きなモノ」「自分を幸せにしてくれるモノ」「自分がときめくモノ」を選んでいく。そして、そうじゃないモノは感謝して手放す。この順番なのです。

つまり片づけとは、残すモノを決めていく作業。そして、残すモノを選ぶための指標こそが「ときめき」です。

自分が持っているモノひとつひとつを手に取り、「ときめきセンサー」が反応するモノだけを残す。それが麻理恵さんも提唱している片づけの極意です。シンプルにして究極のメソッドです。

「ときめく／ときめかない」という基準は主観的なものです。なにを捨て、なにを残すか。その選択はこれからのあなたの生き方を決める行為とも言えます。

すべての持ち物はあなたが幸せに生きるために存在している。

だからときめきを感じるモノだけを身の回りに残す。高価な万年筆。高性能のデジタルガジェット。華やかな服やアクセサリー。いつか読もうと積んである本——。どれもこの先、自分を幸せにしてくれないのであれば、実は取っておく必要はありません。

ときめくか、ときめかないか。それを判断するポイントは必ずモノに実際に触わること。見ているだけじゃダメなんです。試しにいまあなたの目のまえにあるモノを手に取ってみましょう。そして自分の内なる声に耳を澄ませてください。つぎは別のモノも手に取ってみましょう。どうでしょうか？　モノによって自分のカラダの反応が違うはずです。

持っていて幸せな気持ちになれるか。ワクワクするか。そのモノと一緒に充実した日々を歩んでいけそうか。モノに触れたときの心と体の反応をよく感じて、自分自身と対話する。そうすれば、自分にとって本当に大切なモノはきっと見極められるはずです。

先ほどもお伝えしましたが、家にはひとり当たり1万〜2万点のモノがあると言われています。そして、こんまりメソッドの片づけでは、そのすべてのモノを実際に手で触って判断していきます。「これはときめく」「これはときめかない」。残すモノを選び、捨てるモノは感謝して手放していく。つまり、取捨選択、意思決定の連続です。それを短期間に少ない人でも1万回、多い人にいたっては2万回繰り返していくことになります。これはもはや現代の修行です。決断修行。

何度も何度も自問自答を繰り返し、自分にとって「ときめく」かどうかを深めていくことで、自分の価値観がどんどん明確に鮮明になっていきます。これこそが「ときめきセンサー」を発動させていっている状態。自分という人間を深く知る作業です。

過去に自分が選んだ決断（存在するモノ）をいまの自分に問いかけ直し、どんな未来を生きていきたいのかを決めていく。それこそが片づけの本質であり、人生が劇的に変化していく最初に起こる内なる変化です。

自分の感覚を信じてあげてください。あなたは本当は答えを知っています。

「理想の生活」を鮮明にイメージする

実際に触れて自分の「ときめきセンサー」の反応を確認していく。それに加えてあとひとつ、片づけをはじめるうえで大切な段取りがあります。片づけに取りかかるまえに、その目的を明確にすることです。

自分は片づけを通してなにを実現したいのか？
片づけを通してどんな生活を送りたいのか？
どんな人生が理想なのか？

それを思い描いてください。「理想の生活」をイメージしましょう。このイメージを描くことを端折《はしょ》ってしまうと、片づけがなかなか進みません。

イメージは具体的であればあるほどいい。「快適な暮らしがしたい」というぼんやりしたものではなく、それこそ現実と区別がつかなくなるほどきめ細やかに、ディテールにまでこだわってイメージします。

どういうテイストの家具がいいのか。起床してまず淹《い》れるのはコーヒーか紅茶か。朝食はどんな環境でとりたいのか。なにを食べるのか。部屋にはどんな音楽が流れているのか。どのような服装でいたいのか。そのときの匂いは。映像がはっきり浮かぶくらいイメージしてみましょう。

ようするに妄想でいいんです。いまの現実がどうであってもかまいません。理想を描くのは誰だって自由。おもいっきり理想を描いてみてください。

「そこまではっきりイメージできない！」という人は、インテリア雑誌や映画のワンシーンからピンとくるものを探すのも手です。

逆になにがなかったらイヤなのかという観点で考えてみるのもおすすめです。大げさに言うと、家に屋根がなかったらイヤだよな、っていうのも理想といえば理想。これはちょっと極端すぎますが、実はこんなふうに無意識のなかにも理想とする暮らしは存在しています。

「理想の生活」をリアルにイメージできましたか？　では、さらにもうひとつ自分に質問します。

なぜそれが自分にとって理想の生活なのか？

そこを突き詰めてみましょう。美しい植物に囲まれた暮らし。たとえばあなたが理想の生活をそう思い描くなら、「それはなぜ？」と繰り返しみずからに問います。二度、三度、四度と問います。心のなかを隅々まで見渡すのです。

「植物が好きだから」→「その香りがいい」→「その穏やかで色鮮やかなたたずまいがいい」→「そんな植物がそばにあるだけで安らぐ。癒される」→「ストレスから解放されたい」→「自分本来の良さを活かして生きていきたい」

そのように自分がなにを求めているのかを具体的に認識すること。この具体化によって片づけに取り組む理由と意欲ががぜん高まります。本気で片づけを終わらせようという強い原動力が生まれるわけです。

もう一歩踏み込んで、理想の生活を考えるときの参考として、片づけ終わった先にどんな人生が手に入るのかもお伝えしたいと思います。

大きく変わるのは、価値観そのもの。過去への執着を手放し、未来への不安を打ち消し、いまこの瞬間を味わって生きることができるようになります。探し物をする時間は減り、自分の「ときめく」ことをするための時間もお金も増え、人生を楽しむだけの余白が生まれる。これまでやったことがないことへも挑戦する勇気が持てるようになり、自分の決断に自信を持つことができるようになります。

ズバリ言ってしまえば、自分を好きになれる。自己愛に満たされた人生を生きることができるようになる。それこそが片づけが終わったあとの世界です。

「自分の判断に自信を持てる」
「自分を好きになれる」

「人生をまるごと楽しめるようになる」
「どこかにある正解ではなく、自分で正解をつくれるようになる」

一度しかない人生です。理想を描いてそこに向かって生きていく。そのスタートが「理想の生活」を鮮明にイメージすることなのです。

ぜひ楽しんでください！　理想の人生を目指して、片づけをスタートしましょう。

モノを捨てると意識が一変する

なぜそれがあなたの理想の生活なのか。明確になったら片づけをはじめます。本当にときめくモノを残し、それ以外は捨てていく。

目指すのは「一気に、短期に、完璧に」です。今回取り組む、この片づけとはハレの日の特別な〝祭り〟のようなもの。めったにない貴重なイベントだととらえてください。

人生をガラッと一変させる革命のようなものです。何度も言いますが、片づけはあなたのなかに余白をつくる作業。片づけによってもう二度と戻らない理想の自分になる。そのための片づけです。

だから段階的にやるのではなく、とにかくスピーディーに終わらせるのがおすすめです。それこそ有限である時間を使うのだから、いち早く終わらせて本来の自分のやりたいことを思うぞんぶんやれる人生を味わう時間を増やしましょう。

片づけを一気にやってしまうと、結局リバウンドしてしまう。やり切った反動ですぐにまた部屋にモノがあふれてしまう。だから少しずつ片づけの習慣を身につけていくのがいい。――そんな考えが世のなかではさながら「定説」のようになっています。無理なダイエットをしても体重はすぐ元に戻ってしまう。片づけもそれと一緒でしょ？　という発想です。でも本当にそうなのでしょうか。

その定説を覆したのが麻理恵さんです。

彼女は小学生のころから、お母さんが定期購読していた主婦向けの生活情報誌を読みあさっていました。そしてその雑誌から得た生活の知恵を実践してみるという「遊び」に明け暮れていたそうです。

使っていない電化製品のコードを手あたりしだい抜く「節電ゲーム」、お風呂や水栓トイレのタンクにペットボトルを入れる「節水ごっこ」といった具合です。

そんな彼女がいちばん熱をあげていたのが「整理整頓」でした。

整理や収納にまつわる特集記事を見ては、牛乳パックやビデオテープの空き箱などでこしらえた収納用具を家中に配置する。学校でも、暇があれば教室の本棚をきれいに整える。掃除用具入れのなかをチェックしてもっと効率のいい収納法はないものかと腕組みをする。そんな徹底ぶりでした。幼くして整理整頓の鬼です。

でも一方でそうやって励めば励むほど、彼女は失望を味わいます。いくら片づけても、いつの間にか元の状態に戻ってしまう。それどころかリバウンドしてモノがかえって増えてしまう。裁縫や料理の腕はどんどん上達するのに、片づけだけはそうはいきませんでした。何度やってもうまくいかない。片づけられた状態をキープできない。片づけては散らかるという繰り返しでした。

生活情報誌の片づけ特集の記事を読むと「片づけはリバウンドするもの」ときまって書いてあります。そんなもんだよね、仕方ない。彼女もその「定説」をやむなく受け入れていました。

そんな麻理恵さんが大きな転機を迎えたのは中学生のときです。当時ベストセラーとなっていた『「捨てる!」技術』(辰巳渚/宝島社新書/2000年刊)を読み、衝撃を受けたのです。

それまで彼女が見聞きしてきた片づけ法はどれも、いかに収納するかに重きが置かれていた。ところが『「捨てる!」技術』ではその書名どおり、収納うんぬんではなく、とにかく捨てることを高らかに推奨していたのです。

そこには「とりあえずとっておくは禁句」「〝いつか使うこと〟は絶対にない!」「後ろめたさのない捨て方」といった数々の指南が記されている。モノを捨てないことを美徳としてきたこれまでの価値観は誤りであり、〝もったいない〟という発想こそ捨てよう。それがその本のコアメッセージでした。

そんな視点は彼女にとってまさに盲点そのもの。深く感銘した彼女は本を読み終えるやいなや、ゴミ袋を手に五畳半の自分の部屋にこもります。

着なくなった衣服。遊ばなくなった玩具。かつて集めていたシールや消しゴム。もう開くことはないだろう古い教科書。あれもこれもどんどん捨てていきました。そうして数時間後、気づくとその量は実にゴミ袋8袋以上になったそうです。

そこで彼女は2つの大きなショックを受けます。ひとつは、日々片づけをしていたはずなのにその実、不要なモノを山ほど溜め込んでいたという事実。

そしてもうひとつは、たかが数時間、「捨てる」作業を集中的にやっただけで、部屋の風景がガラリと変わったこと。床の余白が増え、漂う空気には軽さを感じ、自分の心のなかもすっきりしている。空間だけでなく、自分の意識まで一変していたのです。

片づけとは、単なる片づけではない――。麻理恵さんは片づけの真の力をまざまざと実感しました。そしてその日を境にさらに片づけにのめり込んでいきます。周囲に惑わされず、いかに自分の大切なモノだけを残していくか。いかに手際よく部屋のなかを一気に整理していくか。その手法とマインドを追求する日々がはじまったのです。

片づけは、人の意識や生活を劇的に変えます。一気に片づければ、結果は目に見えてあらわれる。すると、そのいい状態を維持しようという片づけの基本精神があなたに宿るのです。リバウンドという「定説」は幻想にすぎません。一度その爽快感を味わったら、「二度と散らかさない」とみずから誓うことになります。片づけはいつかは散らかって元に戻るもの。リバウンドするもの。その呪縛のような定説こそ、いちばんに捨てるべきものなのかもしれません。

捨てやすいモノと捨てにくいモノ

では実際に、手放すモノを入れる箱やゴミ袋を用意して片づけに取りかかりましょう。その際に重要なのは片づける順番です。麻理恵さんは、次の順にモノを見極めていくことを推奨しています。

①衣類→②本→③書類→④小物→⑤思い出品

衣類を片づけている途中で、目に入った書類に手をつける。その書類をめくっている途中で、かたわらの小物に目移りし取捨選択をはじめる。そんな行き当たりばったりのやり方はNGです。

作業中に浮気はしない。**あくまでこの順番にのっとって「モノ別」にまとめて処理**

していきましょう。それがいちばん効率的なのです。場所別ではなく、「モノ別」に片づける。これもこんまりメソッドの大きな特徴のひとつです。

どうして衣類から取りかかるのか。それは「ときめきセンサー」が発動しやすいから。つまり、「捨てる／残す」の判断がいちばんつきやすいからです。

そして衣類の次に判断しやすいのが本。さらにその次が書類。ひるがえって、もっとも判断にあぐねるのが思い出の品というわけです。

写真や手紙や記念品といった「思い出品」は、歳月とともに増えていきます。それはあなたが生きてきた証しそのもの。だからそう易々とは手放せない。「捨てる／残す」の判断に行き詰まってしまいます。

日中に片づけをはじめたものの、ふと開いたアルバムや卒業文集にのめり込み、気づくとそのまま夕方になってしまった。そんなことも珍しくないでしょう。

思い出品は、片づけの勢いを削いでしまう恐れがある。ですから最後の最後に回しておく。いわばラスボスです。

モノとは単なる物体ではありません。そのほとんどが可視化できない付加価値をまとっています。その付加価値には大まかに4種類あります。「機能」「情報」「感情」「希少」です。

- まだ使えそう＝機能価値
- 役に立ちそう＝情報価値
- 愛着がある＝感情価値
- なかなか手に入らない＝希少価値

とうぜんそのモノがまとう付加価値が大きいほど、捨てにくくなります。むしろそれは捨ててはいけないモノかもしれません。

衣類は相対的に付加価値が小さい。着古した服は機能価値も下がります。高価な服であっても必ずしも愛着が湧《わ》くわけではないのもおもしろいところ。だから比較的、衣類は判断がしやすいのです。

かたや思い出の品には愛着を抱きがちだし、なにより希少価値は最高クラス。おいそれと捨てられないのはある意味とうぜんでしょう。でも、だからこそ「捨てる／残す」の判断をしっかりやり遂げないといつまでも埒《らち》が明きません。

自分とじっくり向き合い、残したいという誘惑を振り払う。そうして真の片づけをまっとうする。すべてはあなたが自由になるための作業なのです。

少し違った観点ですが、この片づけの順番が秀逸でほかにありえないと思う話をしておきたいと思います。それは自分にとって身近なところから手をつけているということです。

服は持ち物のなかでもっとも肌に近い存在です。つまり、触ったときの感覚で選ぶことがしやすい。その次は本。これは本自体も物質的に確かに触るものですが、それにあわせて頭や脳にも近い存在。なので、判断基準が触った感覚とともに、頭での感覚も使うようになります。

さらに、書類となるとその数自体が劇的に増え、かつ本にも近い感覚で選べるもの。ここまできたら、培った「ときめきセンサー」の感覚をもとに小物という大きなカテゴリーにチャレンジし、最後にもっとも難しいであろう「思い出品」を残すのみ。どうでしょうか。もはや流れ自体が美しい。超納得の最善設計。こんなに選びやすい順番、ほかにありません。

「衣類」を捨てる

前述のとおり、片づけでまず手をつけるべきは①「衣類」です。捨てることの難易度が低い衣類からはじめていきましょう。そうして片づけの行為自体に勢いをつけていく。**「捨てる／残す」の判断基準となるあなたの直感、「ときめきセンサー」がどんどん研ぎ澄まされていきます。**

それでは取りかかります。ここは一気にやります。

まずは家のなかのあらゆる収納から衣類を取り出しましょう。それこそ持っている衣類すべてです。バッグや靴も衣類として扱います。そしてそれらをベッドか床の一箇所に集めます。すると大きな山ができました。続いてその山を次のカテゴリーに分別していってください。

①トップス（シャツ、セーターなど）②ボトムス（ズボン、スカートなど）
③羽織りもの（ジャケット、スーツ、コートなど）④靴下 ⑤下着 ⑥バッグ
⑦小物（マフラー、ベルト、帽子など）⑧浴衣・水着など ⑨靴

9つの小山ができました。この9つの小山を①から順に片づけていくのです。麻理恵さんによれば、その順番で取りかかるのが経験的にもっとも効率的だと言います。ただし9つの小山に分けたら、そこでいったんひと息入れます。このひと息も大事です。

麻理恵さんは依頼者の部屋を片づけるとき、小山に分けたタイミングで必ず相手にこう声をかけます。

「もうどこにも衣類はありませんか？　大丈夫ですか？　これ以降に出てきた衣類はあきらめてください」

するとと多くの方が、はっとしてその場を離れ、あらたな衣類を手に戻ってきます。

アメリカで撮影したNetflixの番組でも、同じような場面に何度も出くわしました。世界共通でいろんな場所に服は置きっぱなしになっているようです。

ですから、あなたも落ち着いて頭をめぐらせてください。持っているすべての衣類はここにありますか？　クローゼット。ベッド下の収納。寝室のタンス。玄関まわり。車のなか。すべてチェックしましたか？　ほかに置いてある場所はありませんか？　ほかに衣類は眠っていませんか？　もういちど最後に確認してください。

最後の確認がすんだらいよいよ判断に入ります。まず①トップスからいきます。**真っ先に手をつけるのはオフシーズンの服です。**オンシーズンの服は「近いうちにどこかで着るかも」と迷いが生じがち。ですからオフシーズンの服から手をつけていきます。

1着ずつ手に取り、ときめきセンサーを作動させます。「この服は、ときめくのか」。ときめく服は残し、ときめかない服は感謝して手放す。こうして、ひとつひとつのモノと丁寧に向き合い、心を使って進めていきます。

その際、自分にこう問いかけるのもいいかもしれません。

次のシーズンも〝ぜひ〟着たい服か？
今日、急に気温が変わったらいますぐ着たい服か？

この質問にもYESであれば、それは堂々と残しておきましょう。しかし、もしそうでないなら「いままでありがとう」と感謝し、お別れましょう。

そうやって取捨選択していくと、ゴミ袋はいっぱいになっていきます。「着る服がなくなるんじゃないか……」と不安になるかもしれません。でも心配ご無用です。その調子で片づけを進めてください。

ときめく服、必要な服はちゃんと手元に残ります。むしろ、その残した服たちがよりいっそう活躍する機会が増える。そのように考えることもできます。どんどん膨らむゴミ袋は、片づけが前に進んでいる証拠。言い換えれば、みずからの生き方が磨き上げられている結果だと考えてください。

オフシーズンの服を片づけ終わったころには、あなたのときめきセンサーは一段と洗練されています。そのまま今度はオンシーズンのトップスに取り組みます。

だんだんと片づけそのものが楽しくなってくるはずです。手を止めず、同じ要領で⑨の靴まで一気にやり遂げてください。

「本」を捨てる

衣類が終わったら次は②「本」です。「捨てる／残す」の難易度が一段階レベルアップします。本はなかなかのクセモノです。簡単に捨てられそうで、なかなか捨てられない。片づけで最初につまずくとしたらこの本のカテゴリーです。ですから、しっかり手順を踏んでアタックしていきます。

その手順は衣類の場合と基本的に同じ。家のなかから持っている本すべてを一箇所に集めて床に積みます。**たいていの本は本棚に収められているはず。せっかく収納されている本をすべて出すのは面倒でしょうが、それでもぜんぶ本棚から出して床に積んでください。**この手間を省いてはいけません。

なぜなら本棚にずっと収まっている本は、いわば眠っている状態。それは日常の光景の一部として固定化されている。だからそのままだと、その本がときめくか、ときめかないかの判別がつきづらい。「ときめきセンサー」がいまいち正確に反応しないのです。

本棚から本を出すことは、その本を目覚めさせる行為。その本がかつて入手したときのようなビビッドな存在に戻るわけです。

ですから、もともと床に積んであった本でも、あえて場所をズラす。あるいは積みなおす。そういったひと手間をかけることで片づけはがぜん捗《はかど》ります。**はたから見ればそれは奇妙な行為に映りますが、あなたと本の関係性を鮮明にするための重要な作業なのです。**

麻理恵さんは片づけの現場で積んである本の表紙を軽くポンポンとたたいたり、本の山に向かって「パン！　パン！」と柏手を打ったりすることがあります。

それも同様に本を目覚めさせるための彼女なりの作法です。本がムクムクと目覚めて初めて、あなたのときめきセンサーと共鳴するのです。

もし本が大量にある場合は、衣類と同じくカテゴリーごとに分けて床に積んでもOK。その際のカテゴリー分けは大まかに次の4つです。

○一般書（**小説、エッセイ、ビジネス書など**）　**○実用書**（**参考書、レシピ集など**）

○観賞用の本（**写真集など**）　**○雑誌など**

あとは目覚めた本を1冊1冊手に取り、自分の内なる声に耳を澄ませる。そしてときめく本だけ残す。それ以外はぜんぶ手放します。

選別する際、くれぐれも中身は読み込まないようにしてください。読んでしまうと「必要かどうか」という思考のスイッチを入れてしまうからです。その思考モードはあなたのときめきセンサーを鈍くします。

ときめくか、ときめかないか。繰り返しますが、判断基準はシンプルにそれだけです。考えない。感じる。そこを忘れずに進めていきましょう。

本を捨てることを躊躇《ためら》わせる理由の大半は「また読むかもしれない」という未練で

す。そんなときは自分にこう問いかけてください。

この本を最後に読んだのはいつだろう?

3年前でしょうか。5年前でしょうか。あるいは思い出せないほど昔でしょうか。断言しますが、何年ものあいだ開かなかった本は、実はお役目を終えているケースがほとんど。この先、何年も読み返されることはありません。

「また読むかもしれない」と意思決定を先送りにするのはNGです。その調子だとあなたは読みもしない本を大量に抱えたまま生きていくことになってしまう。

普段は意識していなくても、読まれずに置いてある本もあなたのエネルギーを受け取っています。だからこそ、それらに使うエネルギーを手放すことで、本来いま必要な本(情報)との出合いのためのスペースが生まれます。逆に、「また読むかもしれない」と手元に残し続けるのは、本来のいま必要なチャンスをつかむ邪魔をしているとも言える。大事なのは過去ではなく、いま必要な情報です。潔く、軽やかに捨てましょう。

未読の本も同じです。その本を入手したときは、ときめいていたのでしょう。しかし実際はまだ読んでいない。読みどきを逃したのです。本にはタイミングがあります。そして、実は読まずとも、そのテーマに興味があったことを教えてくれたことで、十分に役割を果たしたとも言える。あなたはいまその本にときめきますか？　ときめかないはずです。読む必要があればとっくに読んでいるでしょう。そういうものです。

だから迷わず手放してください。**そしてあなたにとって本当に必要な本を迎え入れるための余白をつくっておきましょう。**

「書類」を捨てる

本が終わったら次は③「書類」です。郵便物、新聞、レシート、領収書、契約書、家電の説明書――。お子さんがいらっしゃる方は、学校からのお知らせプリントもたくさんありますよね。

ひと口に書類といってもその種類はさまざまです。でもひとつ共通点があります。それらの書類にときめきますか？　基本的にはときめかないはずです。書類とは情報をまとめてあるもの。そして、必要なタイミングが終われば役割を終える。それが書類の特徴です。

ですから書類にかぎって言えば、ときめきで選ぶことはそれほど必要ではありません。基本的に書類はすべて捨てる。そのくらいの覚悟で進めてください。書類ほど多種多様で、とりとめのないものはありません。そのなかから、ちょっと残しておくべきかもレベルの書類にかまっている時間もエネルギーもありません。それに、手放してしまって大問題になるようなレベルの書類は、実は多くありません。

だからこそ現実的で実利的に不可欠な書類以外はすべて捨てる。そのぐらいの判断基準で大丈夫です。

書類の片づけの場面は、海外での撮影をしているときの、僕が特に好きなシーンのひとつでもあります。

麻理恵さんがお客様に対して「書類は全捨てで！」とキッパリ伝えると、目を白黒させながら「アーユークレイジー？」と意味不明だと言わんばかりのリアクションをします。むしろその感覚のほうが多くの人にとっての普通でしょう。でも、だからこそ「全捨て」。そのくらいの覚悟で臨まないと前に進むことができないのです。

残すのは次の3つの条件のいずれかに当てはまる書類だけです。

。いま使っている

○しばらく手元に置いておく必要がある
○ずっと保存しておく必要がある

書類は必要なものとそうでないものが一緒くたに保存されているケースがままあります。誤って大事な書類まで処分してしまわないように、封筒やクリアファイルに入っている書類はすべて出し、1枚1枚チェックしていきます。

レシートや領収書は確定申告に使わないのなら残す必要はありません。捨てます。家電の説明書も捨てましょう。家電の使い方がわからなくなったら困る？　あなたはその説明書を何度も見返しているのでしょうか。たぶんほとんど見返していないはずです。であればやはり不要なのです。最近だとオンライン上にすべての情報がありますす。ただし、保証書が一緒になっている場合、そういったものを気にする人はとっておいてもよいと思います。

とにかくサクサク進めること。手を止めず「はい次！　はい次！」です。そうしないと書類の整理はいつまでも終わりません。

ただし日記や昔もらったラブレターのたぐいは例外。それは形式は書類であっても、「思い出品」として扱います。思い出品は「捨てる／残す」の判断がもっとも難しい。だからここではくれぐれも手をつけないでください。片づけの勢いが削がれてしまいます。思い出品を片づけるのは最後の最後です（それについては後述します）。

さて書類の取捨選択が終わりました。実利的に不可欠なものだけが手元に残りました。しかし今後もさまざまな書類が毎日のようにあなたのもとに舞い込みます。ですから、手元に残した書類はしっかり整理して保存しましょう。そして今後もその整理の仕方を踏襲する。そうすれば二度とバラバラに散らかることはありません。

具体的には次の3つに分類して保存します。

- **未処理の書類**（返信が必要な手紙、提出物、じっくり読むべき文書など）
- **契約書類**（賃貸契約書、保険証券、保証書など）
- **その他の書類**（習い事の資料、新聞や雑誌の切り抜きなど）

「未処理の書類」は〝未処理ボックス〟をつくってそのなかに入れておきます。未処理ボックスはひとつで十分。それ以上、細分化する必要はありません。未処理ボックスはいつでも目の届く場所に置き、日々できるだけこまめに処理していきましょう。つねに空っぽになっているくらいの気持ちでやれれば最高です。

「契約書類」は、どれもそうそう使うものではありません。ですからクリアファイルにひとまとめに入れておきます。ここで用いるクリアファイルもひとつあれば十分でしょう。

「その他の書類」は閲覧頻度が高めです。ですからブック型のクリアファイルに保存しましょう。このクリアファイルもひとつだけです。むやみに書類を詰め込まないよう気をつけてください。たくさん詰め込んだところで読みきれません。厳選しましょう。

書類のそのひとつひとつは嵩張《かさば》ることのないペラペラの紙。だからこそ逆に、隙をついては家のあちこちに溜まっていきます。**書類は紙切れにすぎませんが、同時に情報のかたまりでもあります。放置しておくとそのノイズが「気」を重くする。**

シンプルで快適な暮らしを築くために書類は徹底して捨てていきましょう。

本当に必要な書類だけになったクリアファイルは、もはや削り取られた彫刻。そこには芸術作品のような風格さえ漂います。あなただけの作品を仕上げてください。

「小物」を捨てる

書類の次は④「小物」です。あなたの部屋にある小さなバスケットや小箱。そのなかを覗いてみましょう。いろんな小物が放り込まれているはずです。

ポケットティッシュ、付箋、シール、余った薬、食べかけのガム、余ったUSBケーブル、キーホルダー、お守り、ボールペン、安全ピン、消しゴム、服の予備ボタン——（服の予備のボタンを使える大人にいつかなってみたいです）。

それらの小物はなぜそこにあるのでしょうか。そもそもそこにポケットティッシュや付箋やシールが入っていたのを覚えていましたか？　たいていの人は首を横に振ると思います。でも、もちろん入れたのはほかならぬ自分自身です。

この小物のカテゴリーはなかなかのクセモノ。小物というのはパッと見、小さく可愛げに思えます。しかし部屋には膨大な量の小物が存在します。一大勢力です。

「いつか使うかも」と適当にそのへんに入れた小物。しかしその「いつか」はほぼ訪れません。そんな調子で小物は積もり積もっていく。あなたの知らぬ間に無限に積もっていくのです。

用途のない小物は迷子の状態。自分の行き先もわからず、居場所もわかっていない。とても不安な心境で過ごしています。なので、きちんと居場所を伝えて、そこにいてもらいましょう。もちろん、そのまえに「捨てる／残す」の判断をしたうえで。**もし必要ないモノならば、いますぐ手放しましょう。ちょっとくらいはいいやと油断していると、そのちょっとが積み重なってあっという間に散らかってしまいます。**

ときめくモノが、さらにときめく暮らし。それは小物の片づけをいかやり切るかにかかっています。

不要なんだけど存在する小物の代表例をいくつか挙げていきます。

ちょっとした贈り物

友人、知人からの贈り物はなかなか捨てづらいものです。使わずにそのままずっと放置しているモノはありませんか。ミニタオル、マグカップ、キーホルダー、カードケース。なぜいつまでも使わないのでしょうか。大切だから？　違いますよね。あなたの趣味に合わないからです。

捨てるに捨てられないというその気持ち、とってもわかります。せっかくもらったのに悪い気がする。でもだからこそハッキリ言います。不要なモノはやはり不要。かつてそれを贈られたとき、あなたは相手の心遣いにときめいたはずです。それで十分。そこに感謝の気持ちがあればもう十分です。

あなたのために時間とお金を使って選んでくれた贈り主。そしてその贈り物。どちらにも「ありがとう」と心のなかでふたたび感謝を伝え、捨ててあげてください。

逆の立場で考えると、せっかくの贈り物で喜んでもらおうと思ったのに、そのせいで苦しめていたとしたら本末転倒ですよね。だから大丈夫。安心して手放してください。

電源コード、接続ケーブル

使っていない電源コードや接続ケーブルのたぐいもいりません。捨ててください。取っておいたところでほとんど役に立ちません。いざ使おうとすると、たいてい長すぎて見苦しくなるか、短すぎて使い物にならない。一見すると似たようなコードも、先っちょの種類がいろいろとあって汎用性に欠けます。もはや用途不明になっている謎の接続ケーブルもいりません。

たまにスマホの充電ケーブルを束にして取っておいている人を見かけます。でも、そうしょっちゅう取り換えるものでもないはずです。どれも必要になったらなったで、そのときに新品を買うのでも十分いけるはずです。

化粧品サンプル

洗面所の棚にちょこんと置かれた化粧水や乳液などのサンプル品。ずっとそこにあります。いったいいつそれを使うのでしょうか。旅行のときに持って行こう！　その気持ちわかります！　小分けになっているしちょうどいい！

でも、それを本当に実行したこと、ありますか？　せっかくの楽しい旅行先でサンプル品をせこせこと使うのはなんだか違う気がします。ときめく時間こそ、とっておきのときめく化粧品を使いたい。すぐ使って試したいと思える化粧品サンプル以外はすべて捨てましょう。

ノベルティグッズ

飲料水を買ったらついてくるコースター。開店記念のボールペン。仕事の取引先がくれるカレンダーやメモ帳。イベントでもらえるうちわ。どれもこれも無料ですが、宣伝文句や企業ロゴが載っていてときめきません。使うときをイメージしてときめきますか？

おすすめはノベルティを受け取らないようにすること。もちろん、お気に入りの企業やキャラクターの入っているモノなら話は別です。がっつり受け取って、家宝級に愛《め》でてあげてください。

家電の外箱

あんがい多くの人が大事に取っておいている家電の外箱。中古品として売るときに箱もあったほうが高く売れる。引っ越しのときに外箱があったほうがよさそう。たぶんそんな理由で取っておいているのではないでしょうか。

でもそんなイベントはそうそう起きません。少なくとも何年も先の話でしょう。それだけのために部屋のスペースをつぶしておくのはもったいない。そのぶんの「場所代」が実は発生しているのです。外箱がなくても困りません。いますぐ捨ててください。

また、これは小物ではありませんが、どういうわけか家のなかのいたるところから出てくるのが小銭です。机の引き出し、玄関の上棚、はたまた鞄の底。小銭の散乱はいかにもだらしない。見つけしだい、すぐに財布にしまってください。

「小銭貯金」として貯金箱に入れるのはおすすめしません。それはただ小銭を放置する場所を変えたにすぎないからです。最近では銀行に大量の小銭を持っていくと、入金や両替に数百円の手数料がかかります。ですから小銭貯金の意味がほとんどなくなってきています。それも小銭貯金していること自体がときめいているならOKです！どんどん貯めて、ときめくことに使ってください。

小銭だって立派なお金です。雑に扱わず、財布に入れて持ち歩き、ぜひ使ってあげましょう。

あらためて最後にですが、小物の片づけをやり切ったあとの世界は別世界です。こんなにもこまごましたモノがあなたに影響を与えていたことを強く感じると思います。

そうなんです。ひとつひとつは些細《ささい》なたいしたことのない存在だと思って見過ごしていても、そこから多大な影響を受けて生きている。真の自由と軽やかさを手に入れたあなたは別人です。

「思い出品」を捨てる

これで①衣類〜④小物まで片づきました。いよいよ最後は最大の難関である⑤「思い出品」です。

日記や、昔もらったラブレター、プリクラ、記念日のメッセージカード、寄せ書きの色紙、成人式や卒業式で使った髪飾り、コレクションしていたシールや切手、かつて感動した映画のチケットやパンフレット——。

明確な用途はないけど愛おしい。それが思い出品。思い出品に実用的な価値（先述した機能価値と情報価値）はありません。その代わり、あなたのかけがえのない人生の足跡が宿っています。あなただけに訴えかける価値（感情価値と希少価値）がある。ですから「捨てる／残す」の判断は一筋縄ではいかないかもしれない。

でもだからこそ片づける価値は絶大。捨てるべきものは捨てます。思い出品を捨てることに対して、あたかも思い出そのものを捨てる行為だと錯覚していませんか。大丈夫です。思い出はモノを手放してもあなたの心に残り続けます。かりに、もしそれでなくなるような思い出ならば、実は必要ないと言ってもいいかもしれません。

そして思い出してほしいのは大切なのは過去ではない。あなたはいまこの瞬間をよりよく生きるために生きている。そうして未来が紡《つむ》がれていくのです。

思い出品の片づけは、これからの人生を実り豊かにするための力強い決別です。

過去の履歴（思い出品）に縛られず、身軽になりましょう。ここでも片づけの基本スタンスは変わりません。思い出品をひとつひとつ手に取って、ときめくかどうか、自分の内なる声に耳を澄ませます。ときめくモノだけを選《よ》り抜いていくのです。

①衣類〜④小物までやり遂げたいまのあなたならなんの心配もいりません。もう十分すぎるくらいに「ときめきセンサー」は磨かれきっています。自分の直感を信じて、思い出品は最小限に凝縮してください。ときめかないモノはどんどん捨ててください。

逆に、この段階に来てもまだときめくのなら無理に捨てる必要もないのです。

ひとつだけ注意点があるとすれば、写真の選別です。写真に手をつけるのは最後がおすすめ。①衣類～④小物の過程でも途中でいろんな写真が見つかったはずです。それらも含めて、写真はとりあえず一箇所に集めておき、最後の最後に片づけます。

もちろん写真も1枚1枚手に取って見ていきます。**ですからアルバムの写真はすべて取り出してください。**面倒くさい？　わかります、面倒です。せっかく入れているのに、なぜ出すのか。本のときと同じくアルバムのなかではなかなか選べません。でもだからこそ大きな意味があります。手間暇かけて見極めれば、もう悔いは残りません。一生に一度。だからこそ、ぜひ取り組んでみてください。

写真は大まかに2種類に分かれます。ひとつは、撮るというその行為そのものに喜びがあった写真。もうひとつは、持っていることでときめく写真。前者はその役割を終えていることもあります。

いずれにせよ、1枚ずつ触れて眺めて「捨てる／残す」のジャッジを下します。それ以外にときめきセンサーを発動させる手段はありません。最後の大仕事。片づけのグランドフィナーレ。そう言い聞かせ、写真の選択をやりきりましょう。

ときめく写真だけ手元に残りましたか。おつかれさまでした。片づけはこれで完了です。

モノを捨てる――。それは自分自身と深く向き合う作業。最初は戸惑い、てこずったかもしれない。でもその先に本当に大切なモノだけに囲まれた空間があります。前にも述べたように、今回の片づけはハレの日の特別な〝祭り〟のようなもの。ひとつモノを捨てるたびに、心がどんどん軽くなります。意識もクリアになっていきます。

この衝撃、爽快感、解放感はやった人でなければわかりません。祭りのあと、あなたのまえには別世界が拡がっているはずです。

実際、この章で解説してきた麻理恵さん流の片づけ法（こんまりメソッド）を実践したクライアントの方から、よくこんな声が寄せられます。

有益な情報が続々と舞い込むようになった。会いたいと思っていた人から連絡がきた。自分のやりたいことが一気に前に進んだ――。不思議なことですが、そんな目に見える具体的な変化があらわれます。

あなたはどんな人間なのか。どんな可能性を持っているのか。片づけによってそれが鮮明になる。自分がなににときめき、なにをしたい人間なのかがわかる。あなたの人生の正しい選択肢がおのずと浮かび上がってくるのです。

モノを捨てること。それは生き方を磨き上げる行為そのものにほかなりません。片づけたあとに、あなたの本当の人生がはじまります。

第3章

「人間関係」を捨てる

人間関係の「役割」

人間関係を捨てる。

そう言うと、人でなしでドライな印象を受けると思います。

「人とのつながりはちゃんと大切にするべき」

「人間関係をおろそかにすると痛い目にあう」

「なにかあったときに助けてもらえる人がいなくなりますよ」

「人との縁を切るとか自分からしていいことじゃない」

そんな忠告を受けそうです。

でも本当にそうでしょうか？　僕からすると、いまは過剰に人間関係を大切にしようとしすぎていることで苦しんでいる人のほうが多いように感じています。そもそもライフステージによって人間関係が変わっていくのは普通のことのはず。**モノにそれ**

それ役割があるように、人間関係にもそのときどきの役割があります。

自分を成長させてくれる人。
自分に縁をもたらしてくれる人。
よい情報を教えてくれる人。
一緒にいて心地いい時間をくれる人。
新しい価値観を与えてくれる人。
お互いに目指すものがあって刺激を与え合える人。

あなたがそばにいたいと思う人には、なんらかの理由と役割があるはずです。別に頭で考える理由としての明確な損得がなくとも、なんとなくでもそばにいたい根拠となる感情があるはず。

そしてあなたの環境やライフステージ、目指すものが変わっていけば「一緒にいたい」「そばにいたい」「時間をともにしたい」と思う相手も当然ながら変わります。変わらないとおかしい。

たとえば、中学時代はとても仲がよかったけど、高校に入ったら疎遠になった友だちがいます。逆に、学生時代はさして親しくなかったのに、社会人になってから急に仲良くなる相手もいたりする。

長い人生のなかではさまざまな人と出会います。かけがえのない親友になれた人もいれば、そうではなかった人もいる。たとえ親密な間柄になったとしても、それがいつまでも続くとはかぎらない。あなたと相手の距離感は刻々と変わっていきます。人間関係は、つねに変化の渦中にある。そう考えておくべきでしょう。

役割を終えた関係には別れが訪れます。別れはつらいものですが、別れがあるからこそ新しい出会いの余地が生じるというのもまた事実です。

以前は一緒にいて心地良かった人でも、最近はちょっと違う、ときめきを感じられない。それはなにも特別な現象ではありません。

そんなときは心のなかで「これまで自分の人生にいてくれて、ありがとう」と告げ、ひそかに離れていきましょう。

「人間関係を捨てる」と言っても、「今日からあなたには会いません」と言えというわけではありません。そんなふうにきっぱり縁を切るのではなく、「いまはこの人と近づくタイミングではないな」と考え、意識的に連絡を取らないようにする。それだけのことです。

自分自身と向き合うことで、相手の本当の役割や意味合いに気づき、役割を終えたものは感謝しながら手放す。これはお世話になったモノとの関係を手放していく「片づけ」と同じ力学です。

人間関係の片づけを進めた結果、それでもなお「大切にしたい」と思う人こそが、これから関係を築くべき相手に違いないのです。

ちなみに人間関係には大きく分けると2つのカテゴリーがあると言われています。それが「強いつながり」と「弱いつながり」。読んで字のごとく、強い親密な強いつながり（Strong Ties）は、家族や親友、長年の同僚など、頻繁に接触し、深い信頼関係や感情的な結びつきがある人々との関係のこと。
一方で、弱いつながり（Weak Ties）は、知人や偶然知り合った人々、あるいは仕事上の軽いつき合いの相手など、接触頻度や親密度が低い関係を指します。

おもしろいのは、これら2つのつながりには、それぞれ異なる役割があることです。強いつながりは、感情的なサポートや深い信頼にもとづいた助け合いの場を提供してくれますが、情報や新しい機会を得るには弱いつながりのほうが重要だと言われています。

社会学者のマーク・グラノヴェター氏はこの現象を「弱い紐帯《ちゅうたい》の強さ（The Strength of Weak Ties）」と呼んでおり、弱いつながりが新しい視点や可能性をもたらす架け橋になることを提唱しています。

つまり、どちらの関係性も役割が違うだけで重要だということなのです。
強いつながりは深さを、弱いつながりは拡がりを生み出す関係とも言えるかもしれません。このバランスを意識して築くことが、豊かな人間関係とキャリアの成功につながる鍵となるのです。

余談ですが、僕の人生を変えた麻理恵さんとの関係性も、元を辿れば弱いつながりでした。21歳で出会ってはいましたが、それ以降は年に一度連絡するかしないかぐらいの弱いつながりです。しかし、その弱くも長いつながりが、気がつけばつき合うようになり、結婚し家族を築き、人生をかけてビジネスを共にするパートナーになることもある。

ほんとうにわからないものです。出会った時点では、その出会いの意味がわからないことも人間関係のおもしろいところだと思います。だからこそ大切なのは「ときめき」で選ぶこと。損得や打算的なつき合いではなく、心でつながりを感じられる人との関係性をきちんと育むこと。それこそが人間関係の極意と言ってもいいのかもしれません。

正しい人間関係のつくり方

仕事においても、前述の人間関係のつくり方は大いに役に立ちます。僕は起業するまえは会社員でした。大学卒業後、就職活動をして中小企業に就職しました。そこで最初に就いたのは営業の仕事。名前としてはコンサルティング事業部という横文字でカッコいい感じでしたが、実際にやっているのはザ・営業という感じ。飛び込み営業もすれば、電話でアポ取りしてクライアントを探すところからスタートすることも。1日に100件電話しても1件もアポが取れず苦しい思いをしていました。

僕の会社員時代はまったく輝かしいものではありません。黒歴史と言ってしまってもいいぐらい結果の出ない時期を長く過ごしました。**実は、その理由もいま振り返れば間違った人間関係のつくり方を信じていたからでした。**

異業種交流会というものをご存知ですか？　異業種の人が会議室か、ちょっと良いものだとオシャレなレストランかカフェみたいなところを借りて名刺交換をしていく。そこで短い挨拶と、やっている仕事についての会話をして、また後日アポを入れていく。そんな出会いの場所です。

新入社員のころは、そういった異業種交流会にもよく行っていました。いくらがんばってもアポが取れない電話よりも、まずは目のまえに人がいてくれる状況のほうが幾分か気持ちがラクだったのもあり、異業種交流会で名刺交換をしていました。だいたい、1回の異業種交流会では10～20名ほどの人と名刺交換をすることができます。

「はじめまして、○○会社の川原と申します」

「あ、どうもはじめまして、こういうものです」

正直にお話しすると、このときの僕の心のなかは次のような感じでした。

その名刺を見て、僕が最初に確認しているのは会社名、肩書き、役職。つまり、その人自身がどうかというより、営業をして意味のある相手なのかを気にしていました。

思い返せば恥ずかしいですが、まったく目のまえの人を見ていませんでした（当時、名刺交換させていただいていた方、本当にすいません）。そして話を聞いているふうを装っていましたが、実際のところ「この人はニーズがあるかな？」と自分の売り込みたい商品を買ってもらえそうなのかどうか、そればかりが心のなかにありました。本当に恥ずかしい。結果が出ないはずです。

でも、その後段々と結果が出るようになっていきます。そのときの心のなかはまったく違いました。ひとりひとりとの出会いを大切にし、目のまえの人がなにを考えている人なのかということに真摯《しんし》に向き合い、興味を持ち、出会いを大切にするようになっていきました。

そうすると、やっぱりその心の姿勢って伝わるのですよね。単なる仕事での出会いを超えて、人としてのつながりをつくることができるようになり、仕事としても契約をしてもらえることが増えました。時には、その人とは契約に至らなかったとしても、その人の知り合いで興味がありそうな人を紹介してもらえるようになり、そこから契約につながるなんてことも増えました。

そう、結局は心のあり方しだいだったのです。逆の立場になるとハッキリとわかります。

自分のことを「こいつは買ってくれそうか?」と見ている人間と、「なにかこの人の力になりたい」と思っている人間。どっちの人とつき合っていきたいか。それはもう火を見るより明らかです。

人生は一度きり。そのなかで出会える人の数も有限です。であれば、あなたはどういう人間関係を築きたいですか？　単なる仕事のためだけに出会って、人を数字としてしか考えられない人間関係ですか？　それとも仕事で出会ったとしても、お互いの人生にとって意味があると思える人間関係でしょうか。

どっちがいいか。それは自分で決めることです。僕は圧倒的に後者。この考え方をするようになってから人生が格段に豊かで自由に、ありのままで生きていけるようになりました。

「ノイズ」を捨てる

テレビ、新聞、雑誌、ＳＮＳ、ネットニュース――。

情報があふれ返った現代人の暮らしはきわめてノイジーです。

有名人の不倫疑惑。芸能人の恋愛事情。どうでもいい話題だらけ。それで自分の生活がどうこうなるわけではない。でもそうわかっていながらもその記事に目を走らせてしまう。時間を使ってしまう。下世話なゴシップにはどこか蜜の味がするのです。


こうしてわたしたちは余計なノイズを日々浴びながら、そこで多大なエネルギーと時間を奪われています。特にスマートフォンという文明の利器が登場してからというもの、際限ない情報の渦に現代人は飲み込まれています。

これは人類史上かつてなかった事態。ＳＮＳやネットニュースの通知が「ピコンピコン」と鳴るたびに、わたしたちの注意力はどんどん削がれていく。

すると、なにが起こるのでしょうか。思考力の低下です。

いま、TikTokのような中毒性の高いショート動画に世界中の人々が夢中になっています。現代人の脳はスマホによってハックされつつある。依存させられている。その結果、集中して思考する機会が失われているのです。

自分が自分でなくなる。人生をなんとなくの惰性のなかでやり過ごしてしまう。これ以上、不幸なことはありません。**ノイズは天敵です。わたしたちは努めてそれを遠ざける必要があります。意識的に遠ざけなくてはなりません。**

僕ら家族（麻理恵さん、3人の子ども）は数年前に田舎に移り住みました。山に囲まれ、食べ物も美味しく、人混みともほとんど無縁です。一方で、都会で生活していたころのような刺激的な体験は相対的には減りました。

でもここに移り住んでから、意識と思考が格段にクリアになった実感があります。自分にとって大切なことに日々集中している実感がある。もちろんそれはノイズが減ったからです。

僕の友人である執筆家の四角大輔さんは、究極のノイズレス生活を実践しているひとりです。彼はかつてレコード会社のプロデューサーとしてミリオンヒットを10回も記録。当時の音楽業界で四角さんの名前を知らない人はいなかったと思います。泣く子も黙るヒットメーカーでした。

ところがキャリア絶頂時の2009年、15年間勤めていたレコード会社を退社。音楽の仕事はすべて手放しました。そしてかねてからの夢だったニュージーランド移住を果たします。原生林に囲まれた湖畔の森に居をかまえ、今日までほぼ自給自足の生活を送っているのです。

夜明けまえに起き、日没とともにベッドに入る穏やかな暮らし。毎日の食卓に並ぶのは釣った魚と、みずから栽培・収穫した野菜。仕事はオンラインでこなし午前中で終了。あとは畑仕事や釣り、そして家族との大切な時間にあてる。

澄み切った湖のほとりや、壮麗な原生林のなかを歩きながら、鳥のさえずりを聞くたびに命の鼓動を感じるのだと四角さんは言います。

あらゆるノイズを退けて、自分、家族、そして1日1日の生活の営みに向き合う。そのさまは、理想的な人生の完成形を思わせます。

2019年の年末から年明けにかけて、家族で四角さんのニュージーランドのご自宅に3週間ほど遊びに行かせてもらいました。そこで体感した圧倒的に豊かな暮らし、環境、時間はいまも忘れられません。地球と生きている。大げさではなく、そう感じる経験でした。「こんな生き方も可能なんだ……」と心の底から感嘆《かんたん》が漏《も》れました。

でも僕が四角さんと同じような暮らしができるかと言えばノーです。憧《あこが》れはしますが、異国の大自然のなかで彼のようには暮らせません。完全なる自給自足の暮らしは僕にはハードルが高すぎる。というよりも、そこまでを求めているわけではない自分に気がつかせてもらいました。

幸せな生活のかたちは人それぞれです。でも彼のように徹底的に自分の理想を追求する姿勢には大いに学ぶべきものがあります。

余計なものを手放す。ノイズを減らす。身軽になる。そしてつねに自分自身を見つめ、自分が求めることをやる。自由と充実。本当の幸せはそこにしかありません。

「ほどよい人でなし」で生きる

ノイズを減らすために必ずやっておくべきことはなんでしょうか。それは人間関係の整理です。

メッセンジャーツールを使ったやり取り。SNSへのリアクション。多くの人とつき合えばつき合うほど、とうぜん情報のやりとりは増えていく。それがある水準を超えると強烈なノイズになります。自分にとって大切なものを見定める余裕を失ってしまうのです。

僕はどちらかと言えば、ノリのいい人間です。あらゆることをおもしろがるタイプ。そんな僕は日々さまざまな方から連絡をいただきます。

「一緒になにかしましょう!」「こんな企画やりませんか?」「今度お食事でもいかが

ですか？」

気にかけていただけるのは本当にうれしい。そして僕はノリのいい人間です。でもだからといってそのすべてに反応するわけではありません。**むしろノリのいい人間であり続けるためにむやみな返信は控えています。**

自分のリソース（時間や体力）は有限。だからこそ本当に大切な人にリソースを集中させたい。だから人間関係を過度に拡張させないようブレーキをかけているのです。

もちろん分け隔てなく返信するほうが良いのかもしれません。正直、そのことで失っている機会もあるはず。

でもノイズにまみれて自分を見失ってしまえば本末転倒です。僕の人生は僕のものです。**ですから「ほどよい人でなし」がベストだと割り切っています。**

その点において妻の麻理恵さんは見事です。彼女は「ほどよい人でなし」でいるのがとても上手い。たとえばメールを返信するにしても長ければ半年以上放置していたりします。

最初に聞いたときは目ん玉が飛び出るほど驚きました。そんなことする人っているんだな……というぐらいに衝撃的。チャットツールでも必要最低限の返事しかしない。私だったら気になって仕方がないような状況も、平然としています。

その理由は明快で、彼女にとっては自分がときめいていられることこそが最優先で、後回しにして良いものはあとにすると決めて生きているのです。

それで困った様子があるかと言えば、ほとんどない。周囲の人もそういうタイプだよねと受け入れている。だからなにか問題が起こることはありません。

人間関係にはさまざまな要素や状況がからみます。でもなにも難しく考える必要はありません。人間関係は刻々と移り変わっていくもの。難しく考えたところで答えはない。言ってしまえば時間の無駄です。シンプルにいきましょう。

この人間関係の「捨てる／残す」の判断基準はモノと基本的には同じです。第１章でお伝えしたようにポイントは、ときめくか、ときめかないか。

人生は有限です。あなたにとって大切な人の顔をひとりひとり思い浮かべてみてください。ときめきをくれるその人たちとあと何回会えるのでしょうか。半年に1回、あるいは年に1回のペースだとして、あと何回でしょう？

実は、そう多くはないはずです。やがてお互い年を取れば、会うペースはさらに減っていくかもしれない。

余計な人間関係はノイズになる。自分をすり減らしてまで、八方美人に生きる必要はまったくないのです。

いま思い浮かべた友人、仲間との時間。そして、ときめきをくれる新しい出会い。それをなによりも優先する。となると、そうでない相手に労力を費やす暇も余裕もないはずです。みんな「ほどよい人でなし」でいきましょう。

最優先は「身近な人」

インサイドアウト。僕が人間関係を考えるうえで大切にしている考え方です。内側から外側へ。簡単に言えば、身近な人を大切にしようということ。

わたしたち家族は毎朝神棚にお参りをする習慣があります。特になにか強い宗教的な信条があるわけではないのですが、神様に感謝をすることを習慣にしています。榊《さかき》のお水を替えて、お米と塩をお供えする。そして手を合わせて今日も良い1日になるようにお祈りをしています。その際にあわせてやっているのが、インサイドアウトを意識すること。瞑想に近い僕なりの儀式です。

僕の内側から順番に、自分、妻、子どもたち、親族、会社の仲間、仕事仲間、お客さん、フォロワー、社会、世界、地球。そんなふうに自分を中心とする円が拡がっていくことをイメージしています。そして、ひとりひとりの顔を思い浮かべながら感謝するとともに、なにか伝え漏《も》れていることがないかも考えています。こうやって意識的に気を向けているからこそ大切にできる。

これは人間関係を減らしているからこそ可能なことでもあります。無尽蔵《むじんぞう》に意識することができる人なら話は別ですが、一般的にはそれほど多くの人に対して分け隔てなく意識を向けることは難しいはず。だからこそ、自分にとって本当に大切な人を大切にする。そんな生き方を意識しています。

しかし、僕も最初から意識できていたわけではありません。むしろ真逆だった時期もあります。いまでも忘れないエピソードがあります。それは僕の母親との会話です。基本的に僕は母親とはかなり仲が良いほうだと思います。会社員時代は一緒に研修を受講生として受けたこともあるぐらいです。

親と子としてだけではなく、人と人としていろいろな会話をさせてもらっています。それこそ、どんな人生にしていきたいのか。どんな人生を歩んできたのか。良かったこと、悪かったこと。いろいろと話をしてきています。僕が配信している音声プラットフォームのVoicyでもゲスト出演してくれていたりするので、もしかしたら知ってくださっている方もいるかもしれません。そんな母親から、

「あんたはいつも身近な人をほったらかしにしてから、外見ばぁ（ばかり）良くしとるね」（広島弁）

あるとき、そんなことを言われました。たしかに身近な人には甘えがちになり、返信などが滞ることは自覚していましたが、その言葉がグサッと刺さりました。いまでも時々思い出すぐらいのゾッとする記憶です。そして、そんな生き方はしたくないと思わせてくれた、よい気づきでもありました。

ちゃんと身近な人から順番に大切にしよう。そうして生きていくためにも、遠くのそれほど大切でない人のために時間を使うのではなく、身近な人から大切にできるように生きていく。

正直、いまでも気を抜くとつい身近な人への連絡がおざなりになっていることはあります。つい甘えてしまう。後回しにしてしまう。**そんな自分を知っているからこそインサイドアウト。**何度も何度も意識して生きています。

叱られよう

自分を叱ってくれる人を大切にする——。

僕と一緒にポッドキャスト「厚利少売ラジオ」を配信している〝すがけん〟こと、菅原健一さんはそう言います。彼は株式会社MoonshotのCEO。ベンチャーから大企業まで幅広いクライアントの経営サポートを手がけ、数兆円の規模の売上をほこる大企業の経営アドバイザーを任されることもあるやり手です。

そんなすがけんさんのモットーが**「自分を叱ってくれる人と仕事をする」**というものです。

たとえば、あなたが仕事でミスをしたとする。20代、30代なら周りや上司が注意してくれるでしょう。厳しい指摘を受け、反省することであなたはまたひとつ成長します。
それが40代を過ぎるとどうでしょうか。ミスをしても大して叱られなくなります。周りがあなたに気兼ねするからです。誰も手厳しい言葉をかけてくれない。単に「あ、こいつ、仕事できないヤツだな」と思われて、そっと離れていかれる。ただそれだけです。それは歓迎できる状況ではありません。

人は叱られることで自分を見直せます。でもキャリアを積むほど、年齢を重ねるほど、その機会は失われがちになる。成長の機会、学びの種《たね》を得られづらくなる。だからすがけんさんは、あえて自分を叱ってくれる相手を求めて一緒に働くのだと言います。

僕の場合は、叱られるのがとにかく苦手でした。特に会社員時代。ガミガミと言ってくるタイプの上司についたときは、本当に嫌で嫌で仕方がありませんでした。いつも、なにをしても怒られるんじゃないかと思ってビクビクしていました。これも、いまになって思い返せばすごい成長の機会だったはず。

大切だったのは、なぜ怒られているのかを理解すること。その本質的な目的を理解しようと努めることで、受け取れる情報が天と地ほど変わります。当時の僕は表面的にしか理解していなかった。とにかく怒られたくない。その一心で顔色をうかがい、どうしたら怒られないかを考えて行動を選んでいた。それでは成長にはつながりません。

もし戻れるなら、あの時代にもっといろいろと聞いておけばよかったなと思います。どうすればもっと成長できるのかを理解しておけばよかった。あの時代にしか得られなかった気づきがもっとあったのだろうなと思うと、少し後悔します。いまでは教えてもらえない貴重な気づきと学びの機会でした。

少しまえに『ＬＩＦＥ ＳＨＩＦＴ《ライフ・シフト》』（リンダ・グラットン&アンドリュー・スコット／東洋経済新報社／２０１６年刊）という本が話題になりました。

人生１００年時代、自分の生き方や働き方をどう変えていくか。その本が教えてくれるのは学び続けることの大切さです。年齢を重ねても、立場が変わっても、わたしたちは自分の成長の歩みを止めてはいけない。その歩みを止めた瞬間に人生は途端につまらないものになってしまいます。

慣れ親しんだ人間関係だけに甘んじるのは得策ではありません。時としてそこから抜け出す勇気も必要です。

自分を叱ってくれる人との出会いこそが自分を高めるチャンス。心地よいだけで学びのない人間関係のなかだけで生きていく。それは成長のチャンスを捨てているのです。

「テイカー」を遠ざける

組織心理学者のアダム・グラント氏は、ベストセラー『GIVE《ギブ》 & TAKE《テイク》「与える人」こそ成功する時代』（三笠書房／2014年刊）のなかで、人間のパーソナリティを次の3つに分類しています。

- ギバー（Giver）＝受け取るよりも、多くを与えようとする人
- テイカー（Taker）＝与えるよりも、多くを受け取ろうとする人
- マッチャー（Matcher）＝受け取ることと与えることのバランスを取ろうとする人

誰しもギブ・アンド・テイクで生きていますが、その人のギブとテイクの比重によって「ギバー」「テイカー」「マッチャー」に分かれる。

僕はできるかぎりギバーであろうと心がけて生きています。そしてテイカーには可能なかぎり近づきません。

「相手になにかをしてあげるのが当然」というのがギバーのあり方です。ギバー同士でいると悩みや課題はたちどころに解決していきます。ギブ、ギブ、ギブのとても素敵で好循環な関係です。

ひるがえって、うっかりテイカーとつき合ってしまうとひどく疲れます。たとえば、こんな人に心当たりはありませんか?

労力や優しさを一方的に吸い取るだけの人。
自分の話だけして満足して去っていく人。
必要な情報を得たら感謝もなく消える人。

どれも典型的なテイカーです。彼らはいたずらに時間とエネルギーを奪っていきます。でもその相手がギバーなのか、テイカーなのかは、実際につき合ってみないとわからないものです。ですから、すべてのテイカーをあらかじめ遠ざけることは難しい。

時には「あなたのため」と取り繕いながら、自分の欲求を満たそうとするテイカーもいる。巧妙なタイプの進化型テイカーです。こちらとしては注意深く振る舞うしかありません。もしその相手からテイカーの気配を感じ取ったら、意を決して遠ざけましょう。

テイカーとの時間を極力減らすよう努め、周りをギバーで満たす。それによってあなたの人生の幸福度は飛躍的に高まります。

そしてそのためにはなにより、まずあなた自身がギバーであること。

上昇志向の強い人のなかにはついテイカーに走ってしまうケースも少なくありません。自分を高めたい。だからあれも欲しい、これも欲しい。自己中心的な、まさにテイカーそのものです。

そのあり方で一時的、短期的には得をすることもあるかもしれません。でももっとも大切な信頼を失ってしまう。人はひとりではなにもできない。周りから人が去ってしまうことが最悪の悲劇です。

とにかく、まずは与えましょう。できることからでいいので与えることをしていきましょう。

僕とすがけんさんがパーソナリティを務めるPodcast番組「厚利少売ラジオ」でもお話ししましたが、僕が移住したシリコンバレーはギバーであるというのが基本姿勢です。正直最初はとても驚きました。普通のカフェで話をしていても、夢のような大きな話を持ち出し、それを真剣に聞き、「どのように力になれるのか」を話し合っています。その関係性はお互いを認め合い、高め合うことを基本にしています。

あなたにとって真に大切なものは、他者がもたらしてくれます。ひとりで実現できることなんてたかが知れている。だからこそ、自分から他人の力になり、力になってもらえる人を周りに増やしていくこと。実は、ギブすることは「情けは人の為ならず」の精神でもあります。

見返りを求めず、与え続けること。そうすれば、そのギブはめぐりめぐってあなたのもとに返ってきます。その返ってくるのは直接的ではないことも多いです。その人との関係性のなかで返ってくることのほうが少ないかもしれない。でも、大きく見ると必ず返ってくる。そのことを確信しています。与えて生きることで、あなたは満たされていくのです。

ギバーとして生きる。それが自由に生きるためのあり方。正しい人生戦略です。

不機嫌は罪

豊かで円滑な人間関係を育むうえでいちばん大切なことはなんでしょうか。それはひと言で言えば、上機嫌でいることです。

いつも上機嫌でいる人の周りには、不思議と人が集まります。笑顔や明るい声が醸し出す空気は、周囲に安心感を与え、自然と相手の心を開かせるからです。**上機嫌とは、それ自体が最強のコミュニケーション戦略です。**

かたや不機嫌はあらゆる意味で最悪の態度でしょう。不機嫌をあらわにして相手に圧力をかける。気圧された相手はそれであなたのために動いてくれるかもしれない。でもその代償は高くつきます。

最初は様子をうかがってくれた人も、しだいに「またか」と距離を置くようになり、誰も寄りつかなくなる。そして孤立してしまう。すると不機嫌に拍車がかかるでしょう。さらに高圧的な態度になり、いっそう孤立は深まります。救いようのない悪循環。人間関係は崩れていく一方です。

誰しも生きていれば理不尽なこと、腹立たしいこと、思いどおりにいかないことはあります。人生とはそういうものです。ですからその種の不満といかに向き合うかが充実した日々を送る鍵になる。そのつど不機嫌になっても仕方ありません。それではなにも解決しないし、むしろ状況はどんどん悪化していきます。

だから、兎《と》にも角《かく》にも「不機嫌」は選ばないこと。自分の機嫌は自分で取ってください。

不機嫌を取り除く方法はとても簡単です。自分で自分を満たす方法を身につけることです。それは、**運動をする。美味しいご飯を食べる。そしてたっぷり眠る。それだけです。**

考えてみてください。あなたも誰かと口論になったことがあるでしょう。そのときあなたのコンディションはよかったですか？　寝不足、疲れ、ストレスがたまっていませんでしたか？　きっとたまっていたはずです。

仕事に追われて睡眠時間を削った結果、イライラがつのって感情的になる。旅先で疲れがたまり、普段は抑えられるはずの言葉が口をついて出る。職場や家庭での衝突のほとんどは、そのもとをたどるとコンディション不良が元凶にあることがほとんどです。

仕事で疲れがたまっているなら早めに切り上げてしまいましょう。いまは仕事から手を離せない？　本当に離せないのですか。その数時間のロスが致命的な問題を引き起こすのでしょうか。

僕の知るかぎり、一刻を争うような仕事は医療現場のほかには思いつきません。あなたはいまメスを握っているのでしょうか。そうでないのなら、途中で切り上げましょう。そしてしっかり休んでください。

それが翌日の「上機嫌な自分」をつくってくれるのです。上機嫌であれば、仕事の効率も上がります。

不機嫌は罪です。不機嫌で得られるものはなにもありません。周囲との軋轢《あつれき》、そして孤立と後悔だけが残ります。

自分の機嫌は自分で取る。それは自分を大切にするということにほかなりません。自分を大切にすれば、周りの人の幸福度も高まるのです。

ご機嫌でいることが、プロとして生きる基本姿勢と言っても過言ではありません。不機嫌はアマチュアのすること。自分で自分の機嫌を取れてはじめて他者と関わる人間としてのスタート地点です。そのぐらいに考えています。

自分が選ぶ態度ひとつで人間関係は劇的に変わります。上機嫌でいて損をすることはありません。

不機嫌をあらわにしないように我慢していきましょう、ということを言いたいのではありません。上機嫌は自分のためにとる姿勢です。他人のためにではない。自分で自分を良い状態にしておけることが、実は自分の命をもっとも活かすあり方なのです。

だから、ほかの誰でもない自分のために上機嫌で生きましょう。その結果、副次的に関わる人も幸せにしていて、あなたの周りに人が集まるようになり、自分のやりたいことや夢も叶っていく。ほら、いいことしかありません。

自分で選べるのです。どんな状況であっても。自分の機嫌の選択権を他人にゆだねてはいけません。

「こうあるべき」を捨てる

周囲からの期待。社会的な縛り。あなたの自由を奪う「こうあるべき」という固定観念は捨てましょう。

僕は瀬戸内海の小さな島に生まれ、広島の田舎町で育ちました。実家は農業を営んでいたため、10代のころは「長男だから家を継いだほうがいいのかな」と思っていました。祖父や両親からは一度も「継いでほしい」と言われたことはありません。それなのに勝手に「そう期待されているのかな？」という目に見えない責任感を感じていたようです。

でも高校生のとき自分のやりたいことは別にあると悟りました。そこで実家のことは、地元に残ると決めていた弟に託すことにしました。

このとき「長男だから」という呪縛を捨てました。その瞬間、一気に視界が開けた気がします。僕のなかの自由がぐわーっと拡大していったのです。

実際にそこから紆余曲折《うよきょくせつ》ありながらも、おかげさまで今日まで好きなように生きさせてもらっています。

もちろん実家を見限ったわけではありません。いまは僕なりの強みをいかしてみかん農家の経営のアドバイスをしたりしています。時には販売の手助けをすることもあります。

家族としての役割を果たしながら、自分の求める自由も大切にする。自分のやりたいこと（会社経営）をしながら、そこで培った技術や知識で実家にも貢献する。手前味噌《てまえみそ》ですが、われながら理想的なかたちになっていると思います。

「こうあるべき」にとらわれるとなにかと息苦しい思いをします。夫婦関係にしてもそうでしょう。

いかに愛し合って結ばれた2人でも、ライフステージが変われば考え方や価値観も変わります。その結果、違う道を歩むことになってもそれは自然なことです。

「子どもを持ったら、なおさらよき夫婦でありつづける」という固定観念なんて誰が決めたのでしょう。大きなお世話です。そんなものに縛られていると人生を謳歌《おうか》できません。

ライフステージが変わるごとに「まだ一緒にいたいと思っていますか?」「子育てが一段落しましたが、この後もともに生きていきますか?」と相手の意思を確認する。

そんな夫婦のあり方もありなのだと思っています。

すべてのライフイベントをひとりの同じ人とこなしていくのはなかなか難しいものです。もちろんずっと添い遂げられる関係なら、それはそれで最高です。でも添い遂げることにこだわるばかりが理想の夫婦ではない。そこにはいろんなかたちがあってもよいはずです。

時代錯誤のつまらない固定観念は捨て去る。世間体に雁字搦《がんじがら》めにならない。そこに本当のあなたはいません。いつも僕が大切にしている考え方があります。それは、

「それって本当？」ということ。

なんとなく自分や他の人が当たり前に受け入れていることを、ゼロからの視点で考え直してみることです。わたしたちは気づかぬうちに、とくに考えることもなく常識や当たり前を受け入れています。誰に言われたわけでもないのに、勝手に解釈して「このほうがいいのかな」と不自由さを受け入れてしまう。

でも、時代はつねに移り変わっています。同じものなんてひとつもない。そう言い切ってしまっていいほど目まぐるしく状況は変わっている。にもかかわらず、長くそう言われているから受け入れて生きていかなければいけない、というのは変です。

周りの人はそれを受け入れて生きているんだから、あなたもそうするのが普通でしょ？　なんて声が聞こえてくるかもしれません。捨てましょう。いらない。本当にいらない。残すべきは自分を豊かに、幸せにしてくれる考え方。

ところ変われば常識なんて一変します。たとえばアメリカに行って驚いたのは荷物について。日本だったら当たり前にカフェやレストランでトイレに行くときにイスに荷物を置いていきます。その光景を見たときに、あれ？　と思う人は少ないでしょう。
しかし、アメリカでは席を立つときにイスに荷物を置いていくなんて自殺行為。その荷物はすぐにでも取られて持っていかれてしまうのが普通です。だから席を離れるときも荷物は必ず持っていく。置いていって取られてしまったら、それは置いていった本人が悪いぐらいの感覚が常識です。
どっちが良い悪いというのはここでは論じませんが、このぐらい常識は違うものです。日本で落とし物をしたときに本人の手元に戻ってくるなんて、世界からしたら目ん玉が飛び出るほどクレイジーで信じがたい現象です。

わたしたち日本人はありがたいことに平和ボケしていられるぐらいには安心で豊かな社会環境を享受して生きています。でも、それはいいことばかりではありません。平和すぎて、自分の頭で考えることを放棄している。放棄しても生きていけるようになっている。それで幸せなら別に言うことはありません。でも、もし不自由を感じているなら考えましょう。捨てる必要のある固定観念、ありませんか？

世間の常識は、あなたの幸せまで考えてくれるわけではないのです。

とことん人目を気にしてみる

必要のない固定観念を捨てる。世間体なんて役に立たないものは無視すればいい。そうすれば、あなたの人生の自由度と選択肢は一気に拡がります。

でもどうしても人目が気になる？　そんな簡単には振り切れない？　わかります。そうかもしれません。たしかに勇気がいるでしょう。そんな方におすすめの方法があります！　僕もこれを実践して生きやすさが劇的に倍増しました。**いっそ、「とことん人目を気にしてみる」という手法です。**

世のなかには相手からどう思われるかをまったく気にしない人もいます。僕からすると信じられないし、ぶっちゃけ、うらやましい気持ちもあります。一方、他人の評価や意見に過敏な人もいる。どちらかと言えば、後者のほうが多数でしょう。

じつは少年時代の僕も他人の評価をとても気にしていました。胃に穴が開くほど気にしていた。特に父親からの評価です。

父は昔気質《むかしかたぎ》の厳格な人物。海上自衛隊に勤め、身長180センチ、スキンヘッド、ムキムキ。とにかく曲がったことが大嫌いです。こちらになにか落ち度があると烈火のごとく怒られる。めちゃくちゃ怖かったです（いまはずいぶん丸くなりましたが）。ですから当時の僕はずいぶん怒られ、萎縮していました。

「これをしたらオヤジに怒鳴りつけられるかもしれない」「これを言ったらオヤジの機嫌を損ねるかもしれない」いつも父親の顔色をうかがっていました。

でもあるとき「そんなにオヤジの目が気になるなら、とことん気にしまくってやろう」と開き直ってみました。父に怒られないような言動を自分に刷り込みまくっていったのです。

その甲斐あって父から怒られることはほぼなくなりました。筋をしっかり通すこと。へんな言い逃れはしないこと。そこさえちゃんとしておけば、父は黙って見守ってくれる。それを知りました。

そうして自分の素行がすっかり正された結果、最後はどうなったのか。父の目がまるで気にならなくなったのです。「オヤジにどう思われるか？」という考えにとらわれることがいっさいなくなった。生きたいように生きていると、結果的に大丈夫という状態にまで昇華しました。

だから僕はこう思っています。**「人目が気になる」だけで終わらせるのはもったいない。「自分はどう思われているのだろう」とモヤモヤするだけではもったいない。つねに人目を気にし続けられるのは、ひとつの才能です。**であれば、中途半端に気にするのではなく、徹底的に気にし切ってみてはどうでしょうか。周りの人が自分のことをどう考えているのか。その想像を可能なかぎりし尽くすのです。

そうすると「じゃあ、こう動いてみよう」「こんな言葉をかけてみよう」と先回りできるようになります。やがて自然体のまま「相手は自分にこれを求めているんだろうな」と振る舞えるようになる。つまり感じの良い気遣いのできる人に無理なくなれるわけです。

そしてそのころには一周回って、人目を気にしないあなたが誕生している。であれば、もう世間体にとらわれることはないでしょう。いわば無敵状態。自分のままで生きているだけで、相手も気分良く幸せにしてしまっている。これこそが自由な生き方の究極形です。そこから先はただただ自分を信じ、自分の進みたい道を突き進めるのです。

「婚活」を捨てる

この話は、正直書きたくないと思いました。実際に消すことも編集者に提案しました。でも、人間関係を語るうえで、このテーマを避けて通ると、それは逃げだと思い、覚悟して書くことにしました。それが、婚活の話。

現代におけるひとつのタブーにすらなるアンタッチャブルなテーマだと思います。それも、僕のようなラッキーで妻と出会えているような無責任な幸せ人間が語るべきことでもないと思う。でも、どうしても違和感があるので、それを承知で書かせてもらいます。

婚活を考えるとき、人生の良きパートナーと巡り合いたい、でもなかなかこれという相手が見つからない、そんな悩みを持つ人も少なくないようです。

でもなぜパートナーが欲しいのか。その根源的な部分を聞いていくと、どうしても解せないことも少なくないです。心を通わせられるパートナーが欲しい。温かい家庭をつくりたい。純粋にそう願っているのなら、ぜひご縁に恵まれるまでがんばってほしいと思います。

ただ、なかには、得体の知れない焦りや義務感、世間的な常識にとりこまれ、パートナー探しに躍起になっている人もいるような気がします。

周りの友だちが次々と結婚していく。家庭を持つことで社会的な信頼を得たい。そういう人は「年収」「身長」「年齢」といったステータス（条件）にこだわりがち。そして良いパートナーがいない、見つからないと嘆《なげ》く。やはりそれは少し変というか、不純な気がします。結婚の価値が「内」ではなく、「外」に置かれてしまっている。

繰り返しになりますが、**人生で大切なことは自分のときめきに従って、自由で幸せに生きられるかどうか**。それに尽きます。

パートナーの選択も同様です。自分の「内」に価値を見出せるような相手でないと一緒にいられません。「外の価値」を追いかけたところで永遠にときめきはつかめない。

相手のステータスが高かろうが低かろうが、本来的には気が合えばいいのだと思います。**低い部分は「これから高めていくための余白」。それくらいの心持ちでいられれば「良きパートナー」に巡り合う確率はぐんと上がるのではないでしょうか。**

それでもやはり相手に一定のステータスが欲しい？　そんなに無理をしてまで婚活をする必要があるのでしょうか。

ぶっちゃけ言わせてもらうと、僕は婚活市場において麻理恵さんに似つかわしくないステータスでした。30歳会社員。6年の会社勤めで月収はほどほど。将来的にも大きく収入アップが見込めているわけでもない。身長は174センチ。まぁ普通。顔は……好みによるでしょうからこれ以上の言及はやめてください。正直、ステータスだけで考えると、優良物件というわけではないと思います。

それこそ当時の麻理恵さんはすでに100万部を超えるベストセラー本を書き、テレビにも引っ張りダコ。しかも特技は片づけときたら、もはや究極形なんじゃないかというぐらい結婚にむいている生き物です。にもかかわらず、僕を選んだ。その当時だけで言うならば完全なる格差婚です。学生時代からの知り合いだったとは言え、当時からつき合っていたというわけでもなく、知り合ってからの9年の距離感は近からず遠からず。

いまでも覚えている、当時ショックだったことがあります。結婚を決め、少しだけメディアに取り上げられていた時期があります。「近藤麻理恵、結婚！」みたいな。そのときの僕についての検索ワードの最上位は「こんまり　夫　ヒモ」です。いまでは笑い話になっていますが、その当時はそれなりにショックを受けました。

話を戻しますが、かつて「社会に出たら適齢期で結婚をして子どもをもうける」というのが既定路線でした。それが社会通念のように幅を利かせていた。

ですから、独身のまま20代後半、30代に突入すると、親や親戚から「結婚はまだか」「孫の顔が見たい」とせがまれる。顔を見るたびにうるさいなーみたいな世界観です。ひと昔前のホームドラマなんかを見ると決まってそんなシーンが出てきます。

でも、現代はそうではありません。ライフスタイルが多様化し、独り身で生きる人もたくさんいます。結婚しないことに引け目を感じる必要は相対的には減ったのだと思います。

たとえば、フランスのように事実婚がメインの国もあったりする。価値観はところ変われば変わるものです。

人には向き不向きもある。いわゆる普通の結婚生活が向いている人もいれば、そうでない人もいるのは、本来は当然のことです。

夫婦とは言っても、もとは赤の他人。「外の価値」だけでずっと仲良くいられるほど甘くない気がします。だって、かなりの長い時間をともに過ごすことになるわけですから。外見《そとみ》のためだけに選んだ人とそんなに長く過ごすなんて、そんな人生にしたいですか？

必要のない見栄やこだわりは捨てましょう。あまり意味を持たない無理な婚活も捨てる。なんなら結婚も捨てる。

気負わず、身軽に。自分の幸せにもっともっと素直になっていいのです。

第4章

「お金」を捨てる

「その他大勢」から抜ける

余計なものを捨て、やりたいことをやる。——それをはばむ最大の壁は、お金の問題かもしれません。

お金がないから、いまの仕事をやめられない。
将来の不安があるから、好きなことにお金を使えない。
お金がないから、やりたいことができない。

お金にまつわる不安が自由の足かせになる。ではその不安の根っこにあるのはなんでしょうか。**ズバリ、「稼ぐ力」です。**それも、自分らしく稼ぐこと。
いつでもどこでもどんな状況からでもお金を稼ぐことができるという自信。それがないから不安になるのです。保守的にならざるを得なくなる。

稼ぐ力があれば、お金を理由にあきらめなくてよくなります。現状に満足できないなら新天地に向かえばいい。好きなことをして失敗したらまた稼げばいいだけです。好きなことが選べます。

かたや、稼ぐ力がないとなかなかそうは簡単にいかない。たとえ職場に不満があってもなかなか動けないでしょう。どうしても現状維持することのほうが優勢になる。嫌なことでも受け入れることに甘んじがちになります。

しかしそもそも稼ぐのは、さして難しい作業ではありません。そんなふうに言うと、「自分は稼げているから言えるだけでしょ」「無責任なことを言うなよ！」「じゃあもし、かりに稼ぐのがそんなに難しくないなら、なんで多くの人は稼げてないんだよ」と言いたくなると思います。そしてこれは、昔の僕が心の奥底で思っていたことでもあります。

稼ぐこと。それはシンプルに言うと「人の役に立つこと」と同義です。誰かに求められ、その求めに応じる。そうやってわたしたちは対価としてお金を得る。とても単純な原理です。

稼ぐ力をアップさせる手立ても実は単純です。それは希少性のあるポジションを獲得すること。代替可能な存在から、ユニークな存在に脱皮する。その他大勢から、少数派に移る。そこにあなたの付加価値が生まれます。つまりこういうことです。

〈稼ぐ力〉＝〈人の役に立つこと〉×〈希少性のあるポジション〉

しかし日本人は安定志向が根強い。希少性よりも「つぶしの利くスキル」を優先しがちです。もちろんリスク回避することも大切でしょう。

しかし人生は予測不能です。**安定ばかり追求すると、不測の事態にいちいち翻弄されてしまう。安定志向は結果として不安定を招くわけです。**

「会社にしがみついていれば安心」という発想は現代では超リスキーです。過去の神話のように、大企業はつぶれないというのも、もはや幻想。どんどんつぶれています。

むしろ時代の変化が加速していく現代においては、大所帯となった大企業は生き残るのが難しくなっているとも言えます。

しかも、大企業のなかで勤めることには、自身のスキルを部分的にしか得ていけないリスクもあります。自分だけでなにかを最初から最後まで完結させる経験は得にくい。それは言い換えるなら自分で生きていく力を持ちにくいとすら言えるかもしれません。自分の人生を他者にゆだねるのですから、不安定の極みかもしれない。

ですから本当の自由と安定を求めるならば「いつ会社をやめても平気」という状態を意図的にこしらえておくのです。希少性のあるポジションに身を置き、人の役に立つ存在になる。それがあなたに確固たる自由をもたらします。


希少性のあるポジションとは具体的にどんなものか？　どうすればそれを獲得できるのか？　残念ながらいまの時点では、僕はあなたの正しい答えを知りません。知っているのはただひとり。そう、あなた自身。

ひとつだけ確実に正しいと言えることは、あなた自身の「自分らしさ」を知り、それを活かす先に希少性のあるポジションが見つかります。絶対に正しいのは、あなたの存在はこの世界で唯一無二だということ。似たような人はいたとしても、まったく同じ人はいません。

希少性とは、あなたの強みであり個性のことです。その強みは間違いなくあなたのやりたいことのなかにある。それを引き出してあげてください。自分自身と向き合い、心のときめきに従いましょう。

なにも突飛なことをやる必要はありません。どんなことでも極めれば、得難いスキルになります。

それを雄弁に証明してみせたのが、妻の麻理恵さんでしょう。

彼女は「片づけ」という一見すると平凡なテーマを徹底的に追求しました。そして「ときめき」という独自の基準を提案し、誰もが実践できる魔法のような片づけメソッドに仕立てた。彼女は唯一無二の希少性を獲得したのです。そしてまさに魔法のように自分の人生までも大きく変えました。

ひとつ不思議なことがあります。それが、学校で稼ぎ方を学ばないことです。本来は資本主義社会のなかで生き抜いていくために、最も必要な力であるはずの「稼ぐ力」。それにもかかわらず、そのことについては禁忌かのようにいっさい触れない。学びもしなければ、身につける機会ももちろんない。つまり、普通に生きていれば「稼ぐ力」が身につかない＝不自由になるように設計されているのです。

しかし、安心してください。誰でも、いつからでも、どんな状況からでも学ぶことで「稼ぐ力」は身につけることができます。なぜなら、単なる技術だから。車の運転と似たようなものです。もっと言うと自転車の乗り方と言ってもいいかもしれない。そのぐらい練習すればたいていの人が身につけられる技術。もしご興味があれば、僕が監修したウェブサイト『自分らしいビジネスの教習所』を調べてみてください。自分らしさを活かして稼ぐ方法を身につけられるようになっています。

その他大勢から抜け出す。一見するとありきたりなことでかまわない。重要なのはあなたが心からやりたいことを追求することです。そうして誰かの人生に貢献する。お金はあとから必ずついてきます。稼ぐ力とはそういうことです。

「もう年だから」は禁句にする

なにかをやるうえで、年齢を理由に尻込みするのはなしです。もちろん年を取ればパワーは落ちるでしょう。若いころのようにはいきません。

でも「いまからでは遅い」ということはない。人生とはつねにいまがいちばん若い。そしていつからだって挑戦することはできる。「もう年だから」という言葉は封印しましょう。捨て去るのです。


人生100年時代。その歳月のあいだ、あなたはあなたの稼ぐ力（人の役に立つ能力）をいかんなく発揮できる。そこに日々の充実と喜びがあります。

そしてそれを底から支えるのは体力と気力です。体力と気力は一心同体。気力が衰えれば稼ぐ行動力も衰える。とうぜん幸福度も下がります。「もう年だから」を封印するには、なによりもまず健康への投資が最重要です。

1日24時間のうち8時間が仕事、8時間が睡眠、そして残り8時間の一部を健康づくりに使う。ウォーキング、ジョギング、ストレッチ、筋トレ。日々の運動はあなたの稼ぐ力の根底を維持、向上させるための重要な投資です。歯磨きのように当たり前のこととして習慣づけましょう。

その残り8時間のうちの一部を仕事にあてれば、目先の稼ぎは増えるかもしれない。でも人生の収支決算は決して芳《かんば》しいものにはならないでしょう。**目先の稼ぎばかり追うのではなく、健康を長期運用するのが結局のところいちばん豊かな人生を築くのです。**

いま日本には老後の生活資金にまつわる不安が拡がっています。2019年に沸き起こった「老後2000万円問題」がその象徴でしょう。老後の生活を維持するためには公的年金だけでは足りず、夫婦ふたり世帯で別途1300万〜2000万円程度必要になる——。金融庁がそう指摘したことで世間が大騒ぎになりました。

この先、年金の給付水準はさらに下がるのは間違いないでしょう。ですから、いま多くの人が貯金や株式投資に必死になっている。どこか悲愴感すら漂っています。

しかし年齢を重ねても稼ぐ力があるのであれば、実はそんなに蓄えをつくるのに必死になる必要はありません。**老後が心配だからといって財布の紐をきつく締めておく。とにかく将来のためにいまを我慢する。そんな生き方はつまらない。貯金や運用利益で食いつなぐだけの老後にときめきはありません。**

社会のため、人のために役立つ存在であり続ける。何歳になっても生き甲斐を持ち、毎日を充実させる。そのためには一にも二にも健康に投資です。そこに時間とお金を惜しんではいけない。

睡眠時間を減らし、栄養ドリンクを飲み、食生活に配慮せず、ひたすら働く。そんなストレスまみれの生活は永遠に幸せを遠ざけます。

こんなふうに言っている僕も20代、30代はそんな生き方をしていました。机の上に栄養ドリンクを並べ、とにかく寝ずに働く。それが正しい！　これこそが成功するために必要な差し出すべき犠牲なんだ！　と鼻息荒く働いていました。それがすべて間違っていたとは思っていません。ある部分では、加速度的に自分を成長させることに役立ったのだと思います。でも人生は長期戦。いつまでも無理のある働き方は続けられないのです。

お金の心配をするまえに、健康寿命に気を遣ってください。いつまでも張り合いのある人生。それに勝る幸せはありません。

「地位財」は無視

そもそもお金はそんなに必要でしょうか？

「もちろん必要だよ」

「お金がなかったら自由なんてない」

「お金さえあれば不自由しなくて済む」

そんな考えもあると思います。僕の話をすると、昔はお金さえあれば自由が手に入ると思っていました。逆に言うと、人生の不自由はお金がないことだと。お金が足りないことで人生の選択肢が狭まっていると感じていた。

小さくは、今日のランチをなににするか、お金を理由に自由に選べないことや買いたい洋服を買えないこと。大きくは、人生そのものの選択肢が狭まっているように感じていた。

「お金さえあれば……」そんなふうに思ったことは一度や二度ではありません。会社員時代の給料日前、お金がなさすぎてダイエットのふりをしてランチを抜くこともしょっちゅうありました。本当は食べたかった。けど、食べられなかった。ぜんぶお金がないせいだと思っていました。でも、違ったんです。

いまではありがたいことにお金を理由になにかをあきらめるということはほとんどなくなりました。ランチも好きなものを食べられますし、買いたいものはだいたい買うことができる。ありがたいことです。かつて求めていた自由は得られています。

しかし、そうなったときに気づくのは、実はお金では買えないもののほうに価値があるということ。これはある程度稼げる力がつき、お金にも余裕が持てるようになったからこそ気がついたことです。

当たり前ですが、お金持ちになることと幸せになることは別問題。お金で幸せをつかめるわけではありません。けれど、お金がなかったときにはお金持ちにさえなれば幸せなのだろうと思っていた。

僕が日本から出て海外にいて気がついたのは、お金持ちというひとつの括りでも天と地ほど違う世界だということ。とんでもないお金持ちにもたくさん会いました。生まれがよく、そもそもお金持ちの人もいれば、一代でビジネスを成功させてお金持ちになった人もいた。それこそ資産が兆を超える人も実在するんだー、という世界です。昔の僕からすれば、みんなめちゃくちゃ豊かで自由で幸せなんだろうなと思っていた世界。しかし、実際には全然そうじゃない人もたくさんいたのです。いくらあれば幸せなのかの基準は人によってまったく違います。

あなたにとって本当に必要なもの、幸せに貢献しているものはなんでしょう。是《ぜ》が非《ひ》でも買わなくてはいけないと思っているものを指折り数えてみましょう。そのなかに「地位財」が含まれていませんか？

地位財とは、高額な不動産や自動車、アクセサリーといった消費財のことです。**地位財の最大のメリットは自分の経済力を誇示できることでしょう。ようするに見栄です。大した意味は持ちません。**

タワーマンションに住みたい。がんばればなんとか買える。やめましょう。身の丈に合わない不動産を買ってしまうとローン返済に追われます。となると、残業時間を増やしてまで稼ぐ必要が生まれてしまうかもしれない。せっかく買った夢のタマワンでゆっくり過ごす時間がなくなってしまいます。働きすぎて体を壊してしまえば元も子もありません。

地位財の価値は、他人との比較で成立します。

数年前、僕の知り合いが都内屈指の高級タワマンに引っ越しました。彼はやり手の実業家です。年収は2~3億円といったところでしょうか。

でも奥さんに「稼ぎが少ない」とこぼされるのだと苦笑しています。その高級タワマンには高所得者がひしめいていて、その人たちに比べるとあなたの稼ぎは十分ではない。それが奥さんの言い分です。その言い分はよくわかります。富裕層同士のご近所づきあいはなにかとお金もかかるのでしょう。十分すぎるほどの収入を得ている。でも、足りないとなるのです。

地位財に手を出すと際限がなくなります。どこまでいっても心は満たされない。もう充分という地点はない。上には上がいるのだから当然です。

地位財はいたずらに心をざわつかせます。苦労してまで手に入れるようなものではありません。地位財そのものに幸せを増やし維持し続けられるほどの価値はない。手に入った瞬間のちょっとした満足感と興奮。しかし手に入った瞬間から次のものに目移りします。人ってほんとうに強欲な生き物です。

わたしたちにとって真に大切なのは「非地位財」のほうです。非地位財とは、健康や良好な人間関係、自由な時間といった無形の財のことです。**無形なのだから他人と比較しようがありません。それはあなただけの絶対的な財産なのです。**

地位財を過剰に追うことに意味はない。地位財の購入は、非地位財への支出を圧迫してしまいます。

シンプルで、ときめく暮らし。生きるうえで最低限必要なものがあれば実は十分です。その最低限を超えると人生はとたんに窮屈になっていきます。余白をつくってください。ノイズを遠ざけてください。そこに幸せが舞い込むのです。

「子どもへの期待」を捨てる

お金から自由になるときに、子どもの教育費に頭を痛めている親御さんは少なくないでしょう。学習塾にしろ、習い事にしろ、月々の出費は軽くありません。むしろ出費の大半を占めていると言ってもいいほど。

勉強のできる子になってほしい。好奇心旺盛な子になってほしい。自分の長所を伸ばしてほしい。夢中になれるものを見つけてほしい。

そう願うのが親心です。しかし教育熱心になればなるほど家計は圧迫されていきます。まして私立の学校に通わせようとすれば、ますます重い学費がのしかかる。

一生懸命稼いで、一生懸命節約して、なんとか捻出するしかありません。すべては子どものためです。

でもちょっと考えてみてほしいのです。本当にそこまでしてがんばる必要あるのでしょうか。身を粉にしてまで工面するほどのものでしょうか。その教育費のぶんだけ子どもは幸せになるのでしょうか。

率直に言って、僕には過剰だとしか思えません。いくら塾に通わせたところで成績が伸びない子は伸びない。塾に通わせなくても勉強したい子はみずから勝手に勉強します。思っていることを言っちゃってごめんなさい。

もしかしたら本人も行きたくもない習い事に通わせるくらいなら、自由にたくさん遊ばせたほうがいい。そこで好奇心が育まれる。その結果あとからやりたいことなんて勝手に見つけていきます。

安くない教育費を費やし、子どもを雁字搦《がんじがら》めにする。やりたくないことをやらせるために褒美で釣ったり、機嫌悪く詰め寄ったりして。「あなたのためなんだから」と言いながら親の言うことをきかせる。本気で相手のためを思っているのだと思います。でもそれはまったく合理的ではありません。それじゃ親も子どもも幸せではない。

そもそも日本の教育は、いまだ学歴主義に根差しています。テストで高得点を取るために、ひたすら知識を詰め込んでいく。テストには必ず「正解」があります。その正解を暗記することがあたかも勉強の本分のようになっています。これは昔からずっと変わりません。

その一方で、自分の意見を練ったり、意見を発表したりするような、正解のない学習は二の次です。ですから、主体的な自己形成がままなりません。なにをしたいのか、自分がどう感じるのかを考えることをしない。だから、自分がわからなくなる。それは当たり前のことです。だって、やっていないのだから。

教科書に書いてあることや、先生の教えを、みずからの意見としてそのまま述べれば、できのいい子と見なされる——。当たり前にそれを目指すようになります。だってそう仕向けているのですから。それはやっぱり変です。

本来なら、もっとクリエイティブなことに取り組むべきでしょう。子ども時代は感性が大きく伸びる貴重な時期でもあります。テストでしか使わないような知識を詰め込むのではなく、芸術に触れたり、自然に触れたり、興味のあることに没頭したり、楽しく遊ぶべきだと思います。

そしてそれがやがて、その子ならではの稼ぐ力につながるはずです。

いまある職業が10年後も存在しているとはかぎりません。むしろこれから既存の職業はどんどん淘汰《とうた》されていくでしょう。ＡＩやロボットの発達によって、詰め込み教育で得たような知識はひとつも役に立たなくなる。必要じゃなくなるとわかっていることに一生懸命に取り組ませているなんて、おかしくありませんか。終身雇用制度が崩壊したいま、一流企業に就職したところで一生安泰とはなりません。

この先、求められるのはひとつの会社でじっと我慢できるような人材ではありません。むしろ、多彩なキャリアを積んでいける人材こそが稼げるのです。

無理に教育費をかける必要はどこにもありません。子どもがみずから夢中になったことにお金をかけてあげましょう。

余計な教育費は削り、その一点めがけてお金を投じてあげるのです。であれば、無理をしてでもお金を捻出する価値があります。

時代錯誤の学歴主義的な教育にとらわれるのは賢明ではありません。そんな過去の神話は捨ててください。

「都会」を捨てる

お金の不安が尽きない。そんな人におすすめしたいのは「地方に住む」という選択肢です。地方は都会に比べるといまはとうぜん物価が安い。海の幸、山の幸に恵まれている。そしてなにより静かです。ノイズが少ない。

地方暮らしなら、物心両面に余白が生まれやすいはずです。その点であなたの自由度は拡大します。地方移住は有意義な選択肢のひとつに違いありません。

都会暮らしのほうがなにかと便利？　たしかに都会はインフラが整っています。電車、バス、タクシー。交通網は完璧でしょう。少し歩けば、スーパーやコンビニもいくらでもある。買い物に困ることはない。行政サービスも充実しています。ちょっと前までなら、確かにそうだったかもしれません。しかしまだ記憶に新しい米不足。都会を中心にお米が買えないという事態が発生していました。それもそのはず、都会は基本的に一次生産する場所からは遠く、ほぼすべてが地方から（海外から）運ばれてきているだけ。

生きるうえで便利さがすべてではありません。都会には都会のすばらしさがある一方、地方には地方のすばらしさがあります。

僕は10年近く、アメリカを中心に世界を飛び回ってきました。その経験を踏まえて言えば、日本の生活環境は世界一です。

日本は全国各地どこも綺麗で衛生水準がとても高い。路上にほとんどゴミが落ちていません。もしゴミが落ちていたとしてもじきに誰かが片づけてくれる。海外ではまずあり得ないことです。

駅や公園の公衆トイレまでもが綺麗です。きちんと清掃がなされている。アメリカやイギリスの公衆トイレはお世辞にも綺麗とは言えません。海外では排水管が詰まっていることもしょっちゅう。そもそも公衆トイレの数自体が少ない。清掃の行き届いたトイレを使いたいならもちろん有料です。

日本では無料で綺麗なトイレを使い放題。こんな国はほかにありません。

衛生面だけではありません。飲食店のクオリティの高さも圧倒的です。牛丼チェーン店がいい例ですが、1杯500〜600円であの美味しさはもはや奇跡でしょう。

そしてなにより世界に誇れるのが治安の良さです。日本ほど安全な国を僕は知りません。なにせカフェの座席にバッグを残してトイレに立てるのです。海外なら一瞬で置き引きに遭うでしょう。

僕ら家族は数年前までアメリカ・ロサンゼルスの中心地で暮らしていました。アメリカは物騒な銃社会です。スーパーに行った翌日にそのスーパーで銃撃戦が起きたとニュースで見たときはゾッとしました。そして貧富の差が著しく、道にはホームレスがあふれ、窃盗や強盗が頻繁に起きます。日中であっても子どもをひとりで出歩かせるわけにはいきません。いつ誘拐されてもおかしくないからです。普通に生きていてスマートフォンにアンバーアラート（緊急通知）が届きます。「〇〇通りで誘拐が起こりました。気をつけてください」と。そんな物騒な世界が普通にあります。

ですから、日本に住んでいる以上は、都会だろうと地方だろうと、どこでも「勝ち組」です。

僕ら家族はいま田舎町で暮らしています。

ではどうしてここに移り住むことにしたのか。理由はシンプル。いちど訪れてみて、心がときめいたからです。それ以外の深い理由はありません。

人混みとは無縁。歩いていると鳥のさえずりが聞こえてくる。豊かな自然があり、豊かな食べ物がある。そしてなにより町が醸し出す雰囲気がとても良かった。

働くぶんにはたしかに都会のほうが便利だと思います。そこには多くの出会いがあります。当然そのぶんビジネスチャンスも拡がるでしょう。

でもいまやリモートでなんでもできる時代になりました。**そしてなにより自分の時間をしっかりキープするには、いくらか不便な場所のほうが好都合なのです。**

都会に住んでいたころは会合のたぐいにしょっちゅう顔を出していました。ウーバー（もしくはタクシー）を使えばすぐに会合場所に行けた。

でもいまはかつてのように無暗に動くことはありません。目的地にたどり着くのには時間がかかります。ですから、なにか誘いがあっても「それは本当に必要？　心がときめくか？」と考えるようになった。

移動に制限がかかる状況だからこそ、以前よりも自分らしい選択をすることができているのです。地方暮らしには目には見えないたくさんの効用がある。不便さこそが、時として大きな魅力でもあるのです。

地方暮らしは大物に会える

都会暮らしには都会暮らしのメリットが、地方暮らしには地方暮らしのメリットがあります。一概にどちらがいいとは言い切れません。

でも僕個人としては、地方暮らしに大きな可能性を感じています。なにより生活費が安い。食べ物も美味しい。豊かな自然を満喫できる。望めば広い住居にも住めます。

それだけではありません。**ほかにも意外なメリットがあります。著名人との接点がつくりやすいのです。**

近年、首都圏から地方への移住者が増えています。そこには各界を代表するような著名人も少なくありません。そうした方々は地方と東京の2拠点生活を送っているパターンが大半です。または住んでいなくとも地方へと足を運ぶ人が劇的に増えました。

彼らと東京で接点を持つのはなかなか難しい。すでに多くの人が列をつくってずらーっと順番待ちしているからです。あれこれ伝手《つて》をたどってみても、対面するまでには時間がかかります。そもそも実現するかすらも怪しい。

でも地方でなら比較的簡単に会えてしまうバグが発生します。かくいう僕も日本にいる際には地方に行くことが増えました。たとえば福岡には、大物クリエイターたちが快適な環境を求めて続々と移住しています。東京23区の人口はおよそ985万人。かたや福岡市の人口はおよそ165万人です。

福岡のほうが単純に競争率は6分の1です。くわえて、当然ながら各職業分野のコミュニティも東京に比べて小さい。ですから、ひとりの人物をめぐって人々が殺到するようなことはありません。

その人物に会いたいと思えば、ちょっとした紹介を通してあっさり会えてしまいます。なんなら、地元をご案内しますよ！　ということを口実に移動中もずっと一緒にいられたりします。地方は移動もひとつひとつが遠いし、だいたいが車移動。そうすると、移動中の車内でともに過ごす時間は少なくありません。そこでの会話からなにか有益な情報が得られたり、一緒になにかしようみたいな話も生まれたりします。実際、僕はそうやって新たなプロジェクトが生まれる現場に遭遇《そうぐう》したこともあります。

乱暴に言えば、地方だと大物を一本釣りできてしまう。すると、あなたの仕事のステージが劇的に上がることも起こったりするでしょう。地方暮らしには実はビッグチャンスが眠っているのです。

「縁《えん》」を大事にする人が強い

これから先、日本はどうなっていくのでしょうか。現代は「VUCA（不確実性）の時代」と称されています。変化（Volatility）が激しく、不確実（Uncertainty）で、複雑（Complexity）で、曖昧（Ambiguity）なこの社会でより良く暮らすためにどうすればいいのか。

先行きの見えない将来の不安を取り除くため、僕は時折まとまった時間をつくって経済や政治にまつわる未来予測関連の本を集中的に読み込んでいます。各分野の識者に直接ご意見をうかがうこともある。そうして未来の感触をつかみ、不測の事態にも対応できるようスタンバイしています。

僕の考える日本の未来を見通すうえでの最重要な指標は、やはり人口動態です。ご存じのとおり、これから日本は人口減少と少子高齢化の荒波にますますさらされていきます。いまや5人に1人が75歳以上という空前の超高齢化社会に突入しました。

このままいくと日本の労働人口は激減し、経済も国内市場も縮小の一途をたどっていきます。リクルートワークス研究所の試算によると、現在7000万人以上いる生産年齢人口が、2040年には5900万人台にまで落ち込むそうです（2023年3月「未来予測2040 労働供給制約社会がやってくる」）。

これからの15年間で1100万人の減少とは衝撃的です。どのぐらいのインパクトかというと現在、近畿地方で働いている人の総数が約1100万人。それと同等の労働力がなくなるわけです。

ですから近い将来、お金を払っても十分なサービスを受けられない事態も起こりえます。お金があっても、サービスしてくれる人がいないのです。となると、そこで必要になってくるのはお金よりも信頼関係かもしれません。

近ごろ問題視されているカスタマーハラスメント（通称カスハラ）をするような人は間違いなく相手にされなくなります。お金を超えた「縁」や「コミュニティとのつながり」がなによりも重要になっていく気がしています。

今後、日本にパラダイムシフトを引き起こすのは、もちろん人口減だけではありません。進化し続ける通信技術、デジタル技術も社会に決定的な変化をおよぼすでしょう。

「生成ＡＩ元年」として位置づけられているのが２０２３年です。そこから生成ＡＩはまさに爆発的な進化を見せています。いまや誰もが生成ＡＩをビジネスや趣味に使うようになっています。それもこのわずか2年のあいだに起きたことです。

ＡＩが人類の知能を超える転換点のことをシンギュラリティと呼びます。かつてシンギュラリティの到来は２０４５年あたりと見込まれていましたが、実際にはそれよりかなり早まりそうな雰囲気です。

あと数年後には、各種資料の作成も、メールの送受信も、ＡＩが瞬時に片づけるようになります。であれば、会社員の大半は自分の持ち場を失うかもしれません。そのときになってからでは遅い。

いまのうちに自分の強みに磨きをかけ、生きていくための力を高めておくべきでしょう。従来の職業はこれから続々と淘汰されていくはずです。

たとえば、いまは高額な報酬を得ているコンサルティング業界はほぼ存在価値がなくなりそうです。コンサルのおもな業務は、経営課題に関するデータの収集、分析、そして解決策の提示。これはAIがもっとも得意とする領域。もちろんほかにもコンサルの提供する付加価値はあるので、無価値になるとは思いませんが、それでもなお相対的には希少性は減るでしょう。

このような資料性で勝負してきた職種から順にAIに取って代わられていく。銀行員も、エンジニアも、あるいはパラリーガル（法律事務員）も精度が命の仕事です。そしてどんな人間もAIの精度は超えられません。

こうした激動の時代に「稼げる人」となるには、これまでの常識に安住せず、つねに自分に変化を求め、差別化していく必要がありそうです。

さらにこれからの未来の変数として深刻なのが、地理的なリスクです。

日本は震災や噴火といった災害リスクが世界でも突出して高い場所。広範囲を襲う南海トラフ地震の発生や富士山噴火の可能性は日増しに高まっているといいます。ひとたび大地震に見舞われれば、日本がまるごと機能不全におちいる恐れすらある。そのときわたしたちはいまあるすべて（と言っていいほど）を失うかもしれません。

わたしたちのこの日常は、単なる当たり前の日常ではありません。いわば奇跡の連なりなのです。だからこそ1日1日を大切にしましょう。そこでの縁を大切にしましょう。そして来たる危機の備えを忘れてはいけません。

日本にいながら外貨を稼ぐ

今後、日本社会は大きく変貌していきそうです。あらゆる局面で現行のやり方は通用しなくなるでしょう。

日本が厳しいなら海外に行く？　でも実はそれだけではなんの解決にもなりません。「稼ぐ力」がないかぎり、どこに行っても状況は変わらないからです。

海外暮らしが長くなった僕からすれば、逆に日本こそ本当にすばらしい国だと思っています。衛生水準が高く、食べ物も美味しく、治安も良い。あえて日本を離れる理由は見当たりません。こんなに住みやすい国に生まれた幸運に感謝すべきでしょう。

もちろん海外に行くことが悪いとは言いません。たまに旅行で行くのであれば得難い経験になります。でも長期生活となれば話は別です。その海外生活が楽しいものになるかと言われれば、いささか疑問です。

シンガポールは日本に比べると所得税も法人税も格段に安い。ドバイに至っては所得税も住民税もありません。無税です。ですから、大勢の日本の実業家が移住しています。僕の知人もシンガポールやドバイに次々と移り住んでいます。

たしかにお金の面では優遇される。でもそこが日本人にとって暮らしやすいかどうかはまた別の話でしょう。歴史的、文化的な奥行きは日本のほうが洗練されているように思えます。

シンガポールやドバイは活気にあふれていて、最先端の建築物があちこちに見受けられるものの、どれも娯楽的要素が強すぎて一辺倒。淡白な印象があります。世界屈指の見事なリゾートも整備されていますが、毎日通っていればそんなものはじきに飽きてしまいます。

かつて僕ら家族もロサンゼルスにあるセレブ御用達のビバリーヒルズホテルに宿泊したことがあります。客室もラウンジも庭も贅《ぜい》を凝《こ》らしたエレガントなものであり、噂にたがわぬすばらしいホテルです。

でも最初はとても感動しましたが、何度か泊まるうちにさほど心は動かされなくなってしまいました。どんな特別なものも慣れてしまえば当たり前になっていくのです。

結局のところ日々の幸せは、なんてことのないナチュラルな日常の環境から生まれるのです。

穏やかな自然に囲まれていること。自分の時間をしっかり持つこと。健康でいること。幸福とはつまり素朴のなかにあるということなのだと思います。

昨今、円安の影響で海外に出稼ぎに行く日本人の若者が増えているようです。たとえばレストランのアルバイトだと時給3000円くらいだと聞きました。たしかに日本ではそこまでの時給はもらえません。

でも時給が高いということは、とうぜん物価も高いわけです。ですから、そこまでコスパがいいわけでもありません。そうなると、生活する支出をできるだけ切り詰めてお金をためる生活を繰り返すしかない。そんな日々に喜びがあるとは思えません。

またアルバイトのような仕事をずっと続けてもスキルアップにはつながりません。収入はそれ以上スケールアップしないでしょう。

僕のおすすめは、そんな一時的な少しの収入の増減を気にして仕事をするよりも、暮らしやすい日本で生活コストを抑えつつ、付加価値を生めるような仕事を目指すことです。

たとえば、いま日本は「世界でもっとも行きたい国」にも選ばれるほど海外の人が来日しています。いわゆるインバウンドと呼ばれるものです。円安のいま、彼らにとっての日本の物価は驚くほど安い。言いすぎかもしれませんが、どれもこれもが半額セールぐらいの感覚です。そんな状況を味方につけて、日本にいながらにして海外のほうに向けての商売をする。そこで稼ぐ力をつけ、自分をブランド化していく。あるいはインバウンドビジネスを目指す人をサポートする仕事をしてもいいかもしれません。

シンプルに言うと、

当面の最強の働き方は、日本にいながらにして外貨を稼ぐことです。

これから新しいビジネスや転職を考えている人は「日本にいながらの海外ビジネス」も狙ってみましょう。

もちろん海外で挑戦したいことがあるならば、臆《おく》せずどんどん日本を飛び出してほしい。でも「海外に行けばなにかあるのではないか」というぼんやりした考えは危ないです。外に出れば人生が変わるかも、という根拠なき幻想は捨ててください。

第 5 章

「自分」を捨てる

究極の自分らしい状態とは

モノを捨てる。人間関係を捨てる。お金の不安を捨てる――。

なんのために捨てるのでしょうか。ここまで繰り返し述べてきましたが、それはあなたの生活があなたのときめくものだけで満たされるためです。余計なものを捨て、心と時間に余白をつくり、そこに自由を吹き込むためです。あなたの本当にやりたいことをやり、あなたらしい充実した人生を送るためです。

この最終章では「究極の自分らしい状態」をつくるために捨てるべきものをお伝えします。

それは「自分」です。自分を捨ててください。

まるで禅問答のような答えに思えるでしょう。でもそんな大げさな話ではありません。

自分らしい状態とはなんでしょうか。それは、自分に向かう「気」を捨てられている状態です。

もう少しかみ砕いて説明します。「自分ってこういう人間なのかな」「自分って人からどんなふうに見られているんだろう」といった具合に、多くの人は自分のことばかりを考えています。そして自分のことをあれこれ考えている状態は、自分にしか「気」が向いていない状態とも言えます。

その状態は、実は誰のためにもなっていない。自分の無駄遣いをしているとも言えます。その人の本来の良さが発揮されていない。自分の意識や能力、エネルギーが、自分にしか向いていないからです。

逆に、なにかに没頭したり、夢中になったり、誰かのために力を注ぎきっていたりして自分のことをいっさい気にかけない状態は、余計なところに意識が向いていない本来の自分の良さが出せています。

仏教でいうところの「無我」の境地です。それがもっとも自分らしい状態なのです。

日本人が「自我」という概念を持つようになったのは、西洋的思考が輸入された明治時代以降の話だそうです。それまでの日本人は毎日生きることに必死で「自分とはなんなのか」なんて考えることもありませんでした。

現代人にとっていちばんのノイズは、スマホでも人目でもSNSでもなく、自分自身にほかならないのです。

自己肯定感の高め方

自分を捨てるうえで、もっとも手放していきたいのが「承認欲求」です。

社会的地位、知識、能力、技術、お金、容姿、配偶者。自分が持っているものを通じて自分の存在を誰かに認めさせたい。そうした承認欲求は、多かれ少なかれ誰もが持っています。僕にだって、もちろんあります。

この承認欲求そのものを手放すのはなかなか難しい。ですから、承認欲求に振り回され、ストレスをためる人がとても多いのです。

承認欲求にはプラスの効果もあります。「こういう人間になれたら自信が持てる」「こういう人間でありたい」といった自分の理想を描くのに役立ちますし、承認を求めることが日々の生活における活動のエネルギーの源にもなり、張り合いにもなります。

しかし問題は、判断基準が他者からの視線であることです。外部の判断基準に合わせて理想を設定してしまうというのは、他人に自分の人生の満足度をゆだねてしまうことになります。

わかりやすい例としては、外見に対するコンプレックスが挙げられます。

人にはそれぞれ生まれ持った容姿がある。本来は、それぞれその良さをいかそうとすればいい。にもかかわらず、アイドルやモデル、ソーシャルメディアに氾濫する加工されたよく見える外見を基準にしてしまうと「もっと目をぱっちりさせないといけない」「もっと痩せないといけない」というように自分にない部分、足りないところばかりを探してしまうようになります。

「他者の価値観」で自分を測り、ネガティブな気持ちに陥っていくわけです。その結果、人によっては整形しないと外に出られなくなったり、過度なダイエットで命を危険にさらしたりするケースも起こりえます。ずっと完全に満たされることはなく、際限なく足りない、足りない、足りない。そんな沼にズブズブとはまっていく。

他人からの承認を求めてばかりいると「もっと必要とされたい」という気持ちが高まっていきます。

自分はこういうすばらしいものを持っていて、あなたにとってメリットのある人間です。つねにそうアピールせずにはいられなくなる。もっと付加価値を身につけないと存在を認めてもらえない。そんな恐怖に駆られてしまうのです。

必要とされないと仕事も得られないし、友だちだってできそうにない。ましてや結婚などできるわけがない。そういう思いから、他人の基準でつくられた「求められる自分像」を目指す。そして外側を必死に整えてばかりいる。承認欲求ジャンキーの振る舞いが、僕の目にはそんなふうに映ります。

そうしたネガティブな気持ちを解消する方法としていちばん効果的なのは、前にも述べたとおりまずは「人の役に立つこと」です。いまの自分にあるもので、目のまえの人の役に立ってみること。

人の役に立てれば、それだけ感謝されるし、自分も「具体的に役に立てた」といい気持ちになれる。「自分はこの場所に存在してもいいのだ」という思いに満たされます。

なにも仕事をやめて慈善活動をしたり、青年海外協力隊に入ってはどうかと言っているわけではありません。

最初のステップは、ごく簡単なことでかまいません。ゴミを拾ったり、ボランティアに参加したりと、社会的な活動をしてみる。あるいは自分が得てきた知識や技術を、人に伝える場へ参加してみる。

小さなことだと、挨拶をすることだって役に立っているとも言えます。自分から挨拶をすることで、相手とコミュニケーションが生まれる。そしてその場に少しあたたかい空気が生まれる。これも十分に役に立っていることだと思います。

そんな些細《ささい》なことだけで、周囲の人から感謝されて、自己肯定感はグッと上がります。「必要とされている」という気持ちが生まれて、心が落ち着いてくるはずです。

些細なことで人に役立つ人間に

人の役に立つ方法は、実にたくさんあります。人気お笑い芸人のケンドーコバヤシさんは数年前から筋トレに励んでいるそうです。多いときには週5回、ジムに通う。彼が筋トレをやろうと思い立ったのは40代なかばのころ。その理由が印象的です。あるときふと、「もしも日本になにかがあったとき、近所にいる幼稚園児を何人か担げたらいい。なるべく多くの子どもを担いで助けられるようになりたい」と思ったからだそうです。

僕はこのエピソードが大好きです。人の役に立つとはどういうことか。それをよくあらわしているように思います。

すぐに人の役に立つことでなくても「いつかこの行為が役に立てばいい」という想

いをもって、日々の行動を少し変えてみる。それ自体がすでに人の役に立っているのです。

ほんの些細なことでかまいません。たとえば、誰かの話をちゃんと聞いてみるだけでもいい。たとえ「聞いているふり」だとしても、相手が喜んでくれる以上は、役に立っているのです。

実は、この人の役に立ってみるというのは、先述した「承認欲求を欲する」の逆の概念でもあります。誰かに認められたくて動くのではなく、誰かに認められるかどうかは置いておいて、自分が役に立ちたくて動く。その結果として役に立てていれば嬉しいし、そうでなくても自分が満たされる。そんな状態です。

おすすめなのは「新しくなにかに参加すること」です。

趣味のサークルに参加してみれば、主催者側は参加者が増えていい気分になるし、参加者の人たちも新しい仲間が入れば盛り上がって、楽しい気分になります。

参加しているだけで、存在しているだけで、所属しているだけで人の役に立てる。

そんな場が、いまはどこにでもあります。

「自分だけでがんばる」を捨てる

人の力を借りられない。頼れない。話を聞いていると、そんな人がとても多いです。日本では幼いころから、「自分のことは自分でやりなさい」と育てられ、人に迷惑をかけないことを善として言われ続けます。その結果、誰かに頼ることは悪であると定着しました。

僕もそうでした。厳しく育てられたことで、自分のことを自分でできないのは良くないことだと染みついていました。そして、なにかができないのは自分の努力が足りないからだ、努力できない自分は価値がない。そんなふうに思っていました。

でも、うまく生きていけるようになって気がついたんです。あれ？　僕は人に頼れるようになってるなーって。そして、頼りにすることで、それを生き甲斐として生きてくれている人と一緒に生きていけていることに。

だから変な感覚です。**助けてもらっているはずなのに、感謝までされている。そして逆の立場でもそう。頼られると嬉しいし、自分のこと以上に他人のためにはがんばれる自分がいる。**これこそが、本来の人と人とが生きていく健全なあり方なのだと思います。いつから忘れてしまったのでしょうか。

特に現代は誰かになにかをしてもらっていることが感じにくい社会になりました。すべてのことがお金を支払えば解決できているような気にさせてしまう。ハッキリ言って、これは思い上がりも甚《はなは》だしいわけです。自分だけでできることなんてなにもない。誰かの力を借りずに生きていられると思っているなら、そのほうが異常です。でも、それがまかり通っている。

実際のところはお金だけで解決していることなんて、なにもない。生きていくために絶対に必要な食べ物は、誰かが育ててくれているから存在し、コンビニで買えるのも、誰かが運んできて陳列してくれているから買うことができている。すべては循環し、誰かのおかげで成り立っている。

それにもかかわらず、自分のことは自分でやりなさいと頼ることができなくなってしまったことが、実は現代の生きにくさの根源にあるのではないかと思うのです。

もっと誰かの力を借りていい。誰かに頼っていい。そのぶん誰かの力になってあげる。そうした健全な持ちつ持たれつの関係こそが、わたしたちが幸せに豊かに生きていくうえでの基本姿勢だと思っています。

もはや誰かに頼ることそのものが貢献とすら言えます。なぜなら力を借りる人の活躍の場をつくることですらあるのですから。**あなたが「助けてほしい」ということは、誰かのためになります。逆に、あなたが頼らないことは、誰かの活躍の場面を奪っているのです。**

でも、人に頼ることが勇気のいることだというのもすごく理解できます。僕も慣れるまでは本当に難しかった。無意識で自分でなんとかしようとしていました。

だからこそあらためてお伝えします。「自分だけでがんばる」は捨ててください。

そして、お互い様の、心地よい関係性で生きていきませんか。

自分を捨て、想像を超えた人生を生きる

想像をはるかに超えた人生は、自分を捨てた先にある。それが僕のお伝えできる、いちばん確信している理想の人生のつくり方です。

自分にとっての理想の人生をつくる方法なのに、「なんで自分を捨てることになるの？」そう不思議に思う気持ちもあるでしょう。こうやって書いている僕自身すらも、昔の自分にこのことを伝えたとしたら「こいつ、なに言い出してるんだ？」って訝《いぶか》しく思ったことでしょう。

でも、真実なのです。自分を捨てること。**自分に向かういっさいのエネルギーを残しておけなくなるほどなにかにのめり込んで生きること。それこそが想像をはるかに超えた人生をつくる唯一の方法なのです。**

のめり込む対象はなんだっていい。それは人に対してでも、モノに対してでも仕事でも、仕事でなくても、どんな小さなことだって構いません。僕の場合はそれがたまたま人であり、麻理恵さんでした。そして妻になる人が生み出した片づけのメソッドだったのです。

僕は麻理恵さんと結婚し、一緒に仕事をするとなったときに自分を捨てました。それまで生きてきた人生をすべて捨てた。会社員として築いてきたキャリアも、人脈も、安定した収入もすべて。人生を丸ごと捨て、すべてをかけて彼女との人生に尽くしてきた。そう言い切れるほど全体重をかけ切ってフルベットして生きてきた30代の10年。本気で命を使うってこういうことなのかと理解した10年だったと言ってもよいかもしれません。

だからこそおすすめしたいのです。自分を捨てる生き方を。自分に1ミリも気をかけている暇がないほどなにかに打ち込む、没頭する、夢中になる生き方を。これ実はすごく大変です。しかし、超充実します。

もちろん良いことばかりではないのがリアル。苦労もたくさんしました。恥ずかしい思いも多かった。取り返しのつかないレベルの失敗もたくさんしました。

けれど、いっさいの後悔をしていません。もしもう一度選べるのだとしても、この生き方をしたいなと思います。自分ひとりじゃ思いつきもしない想像を超えた人生です。


だって、普通に考えてみてください。広島の小さな島に生まれ、18歳まで広島から出たこともほぼない僕。大学受験は失敗し、それでも行ける私立になんとか行かせてもらい、就職活動もあまりうまくいかず。拾ってもらった会社で営業として働くも、たいして結果は出なかった。そんな人間が、ひとつの出会いから劇的に人生を変えたのです。その方法は、自分を捨てたこと。

すべてを擲《なげう》ってでも必ず実現するという覚悟と決意。それがその後のすべての道を切り拓いてくれました。

無駄もあるから人生は楽しい

自分らしく生きるために、もうひとつ手放してほしいものがあります。「失敗したくないから、行動しない」という考え方です。

若い人ほど失敗を嫌う傾向がありますが、そんなことは気にしてほしくない。必要ない。人生は行動しなければなにもはじまらないのです。

世のなかはすべて相互作用によって成り立っています。どんな小さなことでも「外」に向かって働きかければ、必ずなにか反応が返ってきます。逆に言えば、なにも行動せず、世界に向かってアクションを取らないかぎり、現状は変わりません。

必ず反応があるということは、自分が取った行動によってハプニングが起こることもあるでしょうし、想像したのとは違う影響が出て失敗につながってしまうこともあるでしょう。

それでも「人間万事塞翁が馬」という言葉があるように、いっけん不幸なことのように思えることでも長期的に見れば、その失敗があったからこそ新しい展開が生まれていい結果につながるケースだってあります。

物事の良し悪しは、短期的な指標で測れるものではありません。そのときどきの失敗や成功を過度に気にする必要はないのです。どんどん動き、世界から応答してもらうことで、人生は拡がっていきます。

極論ではありますが、もしあなたが本当に失敗しない人生を送りたいのであれば、最良の方法は「いますぐ死ぬこと」です。挑戦せず、行動したくないなら、いますぐ死んでしまえば、これ以上なんの労力も使わず刺激も受けず、失敗もしないで済みます。

人生を生きるとは、死ぬまでの道のりをいかに楽しむかということ。**いっけん無駄に見えることや茶番に思えることなど、いろんな要素がたくさん詰まっているからこ**

そ、人生は豊かなものになります。

無駄があるからこそ人生は楽しい。たくさんの無駄かもしれないという経験を積み重ねるためにも、「失敗したくない」という想いはいますぐ手放してください。

「平穏な死」を捨てる

いまの社会では、性やセックス、お金などについて大っぴらに話すことが推奨されません。特に日本では過剰というほどに口にすることがタブー視されている。でも本来はこうした話題にこそ、人間の生きがいややりがい、人生の喜びの本質が詰まっているものです。

タブー視される数々のトピックスのなかで、特に僕が気になっているのは「死」について。

現在の日本では、あらゆるシーンで「死」に関する話題が遠ざけられます。物理的にも「死」に触れる機会がまるで良くないものかのようにされています。しかし本当は、「死」を在るものだと実感することでしか「生」の価値は感じられません。

「死」に対して自分なりの意見を持ち、その先をきちんと見据えて生きていくほうが、

人生の意味や意義は見出しやすくなります。そこから「人生をどうやって生きていこうか」という視点が生まれてくるはずです。

あまり気持ちの良い話ではないので普段はしませんが、僕が「死」について強烈に意識した話をしたいと思います。

僕の祖父は自殺しました。首吊り自殺でした。僕は当時20歳。関東の大学に行かせてもらって広島を出て2年ぐらいが経ったころ。都会の生活にも慣れはじめ、なんとなく生きることにも怠惰になってきていた時期。急に電話が鳴りました。

「え、じいちゃんが死んだ？」

祖父は、痴呆《ちほう》がはじまった祖母と島の長屋のような家にふたり暮らしをしていました。これは想像でしかないですが、痴呆のばあちゃんの世話をするのに疲れて首を吊ったのではないかと思います。じいちゃんの死体が発見されたときには首を吊ったじいちゃんは少し腐りはじめていて、その横にはボケたばあちゃんが寝ていたと聞きました。

直接見ることはできませんでしたが、想像しただけでもなんとも悲惨な状況です。

そこから急いで広島へ帰り、祖父の葬式の喪主をつとめました。父は海上自衛隊の自衛官としてイラクへ後方支援に行っていた関係で戻ってこられず、長男の長男である僕が喪主として葬式を執り行うことになりました。

すいません。急に暗い話におつき合いいただきましたが、ここでお伝えしたいのは死に方の話。このじいちゃんは生前は超がつくほど怖くて破天荒で、ザ・漢《おとこ》って感じの人でした。お正月に親戚が集まってお酒を飲んだりしたら刀を振り回すぐらいには破天荒です（絶対にダメです）。そして口を開けば「たくみぃ、男はつよくなけりゃならん。すぐに泣くなぁ」と言っていた。僕にとっては強いじいちゃんでした。それが、介護疲れで自殺を選ぶ？　ありえない。ダサい。ダサすぎる。自分の好きになった女ぐらい痴呆だろうがなんだろうが最期まで看取れよボケ！　と叫びたくなるぐらいには悲しかった。

そのとき思ったんです。強いってなんだろう、と。そして自分はどうやって死にたいかを考えた。

これは極めて個人的な意見ですが、現在の日本社会のひとつのバグは、「死に方を選べない」ことだと思います。

人間は、人の役に立つことで喜びを感じる生き物です。かりに自分が病気になって、社会的に役に立てなくなり、一方的に世話をされるだけの状態になった場合、「ここで命を終わらせてしまいたい」と思っても、それ自体はなんらおかしくはありません。ましてや、自分の老後に対して金銭的な不安があったり、家族との折り合いがよくなかったりしたら、なおのことそう思うことでしょう。


もちろん「病気になって寝たきりになっても、そのまま自分の人生をまっとうしたい」と感じる人もいるでしょうし、そうした価値観を否定する気はまったくありません。ただもしも、人がもっと本人の意思で死のタイミングを選べるようになったとしたらどうでしょうか？

先々の不安がなくなることによって、いまやりたいことにもっとお金や意識、時間、エネルギーをつぎ込むことができます。

自分の体力やお金など、持てるすべてを使い切ったら、死を選ぶ。そんな生き方があってもいいのではないかとも思います。このように書いていて、そんな簡単な話だけじゃないことは理解しているつもりです。でも、それにしても死ねないというのは違和感があるのです。

僕にとって気になるのは、いまの日本で理想とされる死に方が、病院のベッドで横たわって家族に見守られ、最後に「ありがとう」と言いながら死んでいくというイメージであることです。

この理想の最期のイメージのために、多くの人がきちんと入院できるだけの費用を残しておきたいと考え、「いま」を犠牲にしてお金をため込むのです。

ベッドの上で天井を見ながら過ごす日々のために、貴重な「いま」を犠牲にして本当にいいのでしょうか？　僕は死を待つためではありませんでしたが、17歳のときに膵炎を患って3か月以上入院をしていた時期があります。だからこそ強く実感を持って思うのかもしれません。病院のベッドに寝て、天井をながめながら過ごす時間は、それほどよいものではありません。

また、マクロな話になりますが無理な延命を続けた結果、社会保障費が膨れ上がって、現役世代の生活を圧迫しているのが日本の現状でもあります。

「病院のベッドで死ぬ老後が理想」という固定観念を手放すことができたら、わたしたちの人生はもっと生きやすいし、充実したものになると思います。

理想とする死についても、もっと多様性があっていいと僕は思います。

おいしいものを死ぬほど食べて食い倒れで死にたいという人もいれば、死ぬまで家で好きなゲームをやりながら死にたいという人もいるでしょう。

ちなみに僕の理想の死に方は、爆笑しながら死ぬことです。

ある日、死ぬほど笑っていたら、自分の体が自分の笑いに耐えられなくなって、グキッときて死んでしまった。そんな死に方ができたら、こんなに幸せなことはないと思います。

周囲から「まだまだ若いと思っていたら、あの人は笑いすぎて死んでしまったんだよ」「ありえないわー。でもらしいよね笑」と思い出話をされたらうれしいです。

平穏な死を捨て、いざとなったら病院のベッドで死ねなくてもいいという考えを持つ。それだけで「いま」に投じられる時間やエネルギーは増え、人生の質や楽しさがぐっと上がるはずだと僕は思います。

この本を読んでくださったみなさんには、ぜひ幻想でしかない理想の死のために生きるのではなく、「いま」を犠牲にせず、ありのままの自分を楽しむ人生を歩んでほしいと思います。

狂った先にしか未来はない

理想の人生を生きようとするとき、多くの場合いちばん初めに取り組もうと言われるのは、「理想の未来をイメージする」ことでしょう。そもそもそれすらも、最初に取り組むときは思いつきもしない。大半の人はそうだと思います。

もちろん僕も最初はそうでした。ぜんぜん思いつけない。思い描けない。しかし、これにも慣れてくるといろいろと理想のイメージを思い描くことができるようになります。

いまからお伝えするのは、そのあとの話。まだ理想の未来を考えることができていない人は、ここから先は読まないでください。

理想の未来を思い描いて生きる。一見するととてもすばらしいことのように思えます。僕自身もいろいろなセミナーや講演などでお話しするときは「夢を語ろう！」「理想の未来を描こう！」とお伝えしています。

しかし、ここからはこの本でしか書かない本音。それじゃダメなんです。

理想を描き、口にしているだけじゃ夢は叶わないんです。**大切なのは、圧倒的な行動。しつこく何度も何度も何度も繰り返す。あきらめないこと。**それをしないかぎり実現することはありません。

理想を描くのは慣れてしまえばぶっちゃけ気持ちの良い作業です。しかも、いまの日本では夢を口にすることも、理想を描く人も少ない。ですから、それをしているだけで一定数の人にはすごい人だと思ってもらえるようになります。認めてもらえることは、とても気持ちの良いものです。

しかしそれだけじゃ、人生はなにも変わりません。むしろ、そのうちバレはじめます。「あ、この人、口だけなんじゃ?」って。

未来のことを考えることが大切なのは間違いない。**でも、それ以上に大切なのは描いた理想に向かって「いま」に「集中」して生きることです。**

未来を思い描きながら、同時にいまに集中し切ることは不可能です。理想の未来を描いたら、いったんそのことは完全に忘れ、いまに集中し切る。それこそが理想の人生を実現する唯一の方法です。

目のまえのことに本気を出せない人が、人生そのものに本気になんてなれません。「まだ本気出してないだけ」昔のうまくいっていなかったころの僕は、自分のことをそう思っていました。いつか本気を出せば自分はできるはずだって。絶望的にウソでした。

本当のところは、本気になる方法がわからなかった。いつか理想の未来がカチッと決まってさえしまえば、あとは自動でうまくいくようになると信じていました。そしてまだ本気になれないのは、正しい理想の未来が描けていないからだと思っていました。だからまずは理想の未来を考えないと。そのために勉強して、本を読んで、セミナーを受けて。アタマにたくさんの情報を入れて入れて入れて。それでもまだ本気になれない。じゃあ、自分が理想としている状態に近い人にコッソリ聞けば、なにか世のなかには出ていない裏技的な秘訣があるんじゃないかと思い続けていたのです。

結論、なかった。そんなものなかった。

あったのはいまを本気で生きるしかないという真実。

いま現在すごい人は、人生のどこかのタイミングで絶対に狂ったほどの本気を出しているんです。だから、いまがある。そのことを忘れないでください。おうかがいします。

「あなたはいつ本気出しますか？」

おわりに

最後まで読んでくださり、ありがとうございました。この時代に、最後まで読み切ってもらえることって当たり前じゃないと思います。

僕はこの本で「捨てる」ことをひたすらおすすめしてきました。

モノを捨てる。人間関係を捨てる。お金の不安を捨てる。横溢《おういつ》する情報を捨てる。固定観念を捨てる。執着心を捨てる。見栄を捨てる。人目を捨てる。学歴神話を捨てる。もう必要ない成長を捨てる。果てには、自分さえも捨てる――。

余計なものを捨てれば捨てるほど、あなたの人生はクリアになっていきます。あなたが本当に手にしたい人生が訪れます。むしろ先に余計なものを手放さずに、手にしたい理想の人生が手に入ることはありません。

僕がこの本でお伝えしたかったことをあらためてお伝えさせてください。

それは、人生でいちばん大切なことを大切にしようということです。**僕が考えるも**

っとも大切なもの。それはあなたの命そのもの。

この与えられた有限の命をなにに使うのか。そこにもっと真剣に向き合って生きること。そして、自分という人間として生まれた意味に向かって最大限に生き切ることです。

わたしたち自身の「なににときめくのか」「これをやりたい！」という情熱であり夢、それこそが本来はもっとも貴重で価値のある資産なのです。この資産を活かさず生きるなんて、本当にもったいないこと。

これからのわたしたちは「やらなければならないこと」から解放される未来を生きることになります。ＡＩやロボティクスの発達によって、本来は人が得意としないことを手放すことができるようになります。**そのとき、人に残されるのは「ときめいて生きること」です。**

わたしたちはそろそろ、この資質を取り戻しておくタイミングに来ているように思います。自分らしくない生き方を手放して、自分本来のすばらしさを取り戻そう。その願いを込めてこの本を書きました。

捨てましょう。いらないモノすべてを。軽やかにときめいた、自由な人生をともに生きましょう。あー、生きるってすばらしい。

ここで最後にひとつ提案したいのが「バケットリスト」です。バケットリストとは、ようするに「死ぬまえにしたいことリスト」。

首を吊る最後の瞬間に由来する、「死ぬ」ことを意味する「バケツをける（Kick the bucket）」という英語のスラングがもとになっています。日本語では「棺桶リスト」と呼ばれることもあります。

そんな不穏な呼び方ではありますが、このバケットリストを作成し、自分の理想を見つめることで、人生の濃度は間違いなく高まります。

ポイントは「すべきこと（Should）」ではなく、「やりたいこと（Want）」にフォーカスするということ。周囲の期待やありきたりな常識や義務感から思いつく事柄ではなく、自分が「心の底からやりたい」と思うことだけを書き連ねていきます。

スカイダイビングをする。エベレストに登る。カニの食べ放題に行く。その具体性も内容も、なんでもかまいません。

「死ぬまえにやりたいこと」を書き出してみると「自分が本当に手にしたい人生」がクッキリと浮き彫りになります。

その「やりたいことをやり遂げていく人生」以外は、ぜんぶ捨てて生きていく。それこそが、真に自由で幸せな人生でしょう。ぶっちゃけ実はそこにさえ向かえていればなんの問題もないのが人生と言ってしまってもいいかもしれない。


バケットリストの具体的な書き方は、このQRコードからご覧ください。

僕のYouTubeチャンネル『川原卓巳のオモテでする裏側の話』の「【保存版】〇ぬまでにやりたい１００のこと」より。

https://www.youtube.com/watch?v=towdM2Wsj0o

本書を読んで、そのすべてを捨てるのは難しいと思うかもしれません。でも「これは捨てられそうだ」「これは真似してみたいな」と思うものがあれば、ぜひ実際に取り入れてみてください。

なぜなら、どれだけ「自分が変わりたい」と思っていても、思ったことを行動に移さないかぎり現状はなにも変わらないからです。

ひとつもやらないなら、この本を読んだこと、費やした時間（命）は無駄だったことになります。

逆に、たったひとつでもいいからなにか読むまえと、読んだあとで変えたことがあるなら、それは確実に前進しています。

今日、この本を読み終わった瞬間。

いま、まずひとつ、なにかを捨ててみてください。

ときめかない衣服を捨ててみる。

一緒にいると心がざわつく友だちからの誘いを、一度断ってみる。

自分とは関係ない芸能ニュースを検索するのをやめてみる。
そんな些細《ささい》なことからはじめてみましょう。
あなたが捨てた先に、新たな気づきや幸せが見つかることを心から願っています。

川原卓巳

川原卓巳（かわはら・たくみ）

1984年広島県生口島生まれ。プロデューサー。

大学卒業後、人材系コンサルティング会社に入社し、のべ5000人以上のビジネスパーソンのキャリアコンサルティングや、企業向けのビジネス構築・人材戦略を手がける。

2013年に同社を退職し、近藤麻理恵のマネジメントと“こんまりメソッド”の世界展開をプロデュース。近藤の著書『人生がときめく片づけの魔法』シリーズを世界累計1400万部の大ベストセラーに導いた。

2016年に活動拠点をアメリカに移し、「KonMari」ブランドの構築をさらに拡大させるとともに、日本発コンテンツの海外展開にも注力。

2021年公開のNetflixオリジナルドキュメンタリー「KonMari “もっと”人生がときめく片づけの魔法(Sparking joy with Marie Kondo)」でエグゼクティブプロデューサーを務め、デイタイム・エミー賞を受賞する。

2023年、「川原卓巳 プロデュースの学校」を設立し、グローバルに活躍するプロデューサー人材の育成に取り組んでいる。

著書に『Be Yourself 自分らしく輝いて人生を変える教科書』(ダイヤモンド社)、『川原卓巳 プロデュースの学校〈上・下〉』(匠書房)。YouTubeチャンネル『川原卓巳のオモテでする裏側の話』を配信中。

組版　キャップス
校正　鷗来堂
構成　藤村はるな
編集　崔鎬吉

人生《じんせい》は、捨《す》て。
自由《じゆう》に生《い》きるための47の秘訣《ひけつ》

第1刷　2025年1月31日

著者　川原卓巳

発行者　小宮英行
発行所　株式会社徳間書店
〒141-8202
東京都品川区上大崎3-1-1
目黒セントラルスクエア
電話　編集／03-5403-4344
　　　販売／049-293-5521
振替　00140-0-44392
印刷・製本　三晃印刷株式会社

ISBN978-4-19-865935-6